JN120531

今を生きる「古神道」

—「いのり」は成就する—

辻 明秀

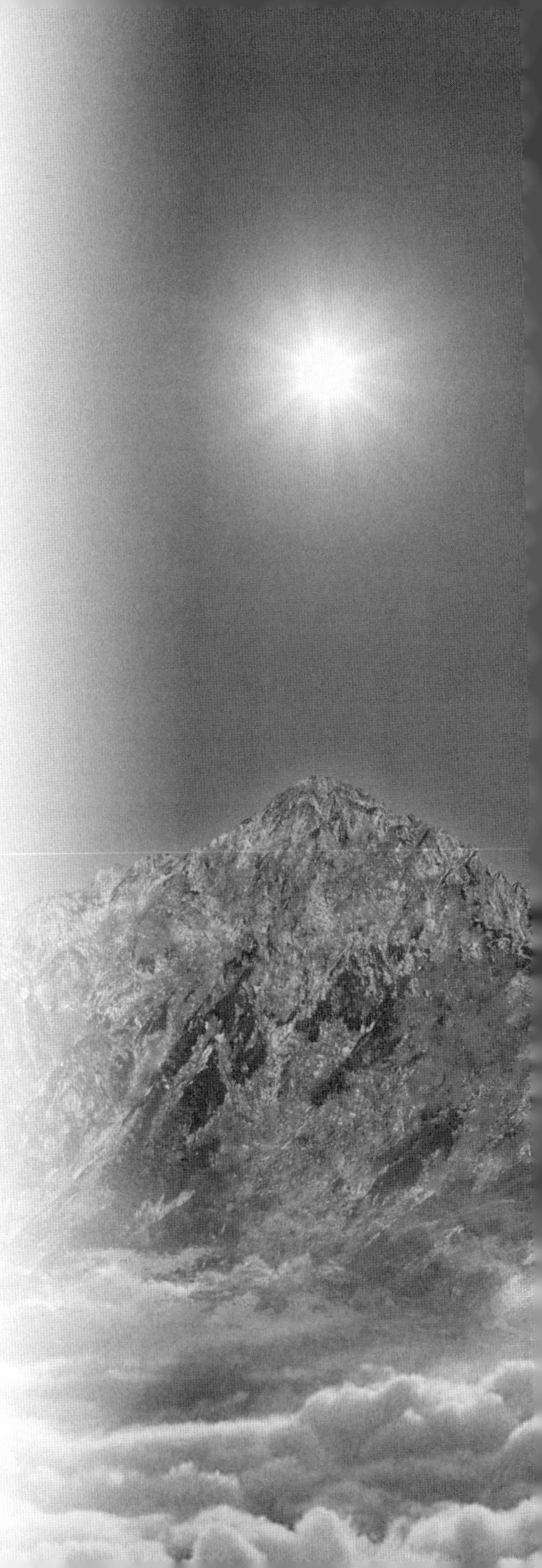

文芸社

古神道のまことの行学者・辻 明秀師

三橋 健

辻明秀師に最初にお会いしたとき、この人こそ古神道の真実《まこと》の行学者《ぎょうがくしゃ》であると直感した。それまで何人かの古神道の行者たちと懇談する機会はあったが、辻師からは一種独得の霊的な雰囲気を感じた。

古神道の定義には諸説があり、必ずしも一定していない。一般的に言えば、日本神道が確立する以前の神々に対する信仰であると説明される。つまり道教・儒教・仏教などの外来の諸宗教、諸思想の影響を受ける以前の純正《じゅんせい》な日本固有の民族宗教との説である。一方、古事記や日本書紀の古典に登場する神々に対する信仰が古神道であり、それは大地のように、日本の諸宗教の基底をなしているとも説明される。そのような古神道を重視したのは、江戸中期の国学者たちであり、彼らは古典の読解を通して、そこに神々の御心のまで人為が全く加わっていないという「かむながら」を探求し、それを「かむながらの道」、あるいは「かむながらの大道」と称したが、一般的には「古道」という語を用いて、さまざまな「古道論」を展開した。

その代表的な一冊は平田篤胤《ひらたあつたね》の『古道大意《こどうたいい》』である。当書は篤胤が日本古来の道を「古道」と称して講説したのを門人が筆録したものである。篤胤は「古道」を究める学風を「古学」と称し、それを世に広めた。その際に根拠となったのは古事記であり、そこに記される天地開闢のこと、ただよえる国を修理《つくろ》い固《かた》め成《な》すこと、神々の語源と本質、神々の事跡、天孫降臨《てんそんこうりん》の意義などを通俗平易に講説した。このような篤胤の古道に対する思想は、国学者をはじめ、神職・豪農、あるいは古神道系の新宗教などに多大な影響を与えたのである。辻師も影響を受けた一人であるが、辻師の場合は、単に古典を読解するというもの、すなわち言葉による知的な解釈よりも、むしろ古神道のあり方として、太古の昔から乱れることなく続いてきた大自然の摂理に基づく修行ないし行法を重視されているのである。ここに辻師が「古神道のまことの学行者」といわれる根拠があり、そこに展開するのは「行学一如《ぎょうがくいちにょ》」の古神道である。

それでは辻師の唱導する古神道とは、どのような内容であろうか。一般的に言えば、古神道という名称からしても、悠久の昔にあった古い神道と思いがちである。しかし、辻師は、現在の私たちの日々の生活のなかに古神道の息吹が感じられるという。古歌に「神代とは遠き昔のことならず、今を神代と知る人ぞ神」とあるように、辻師は、今の私たちの身近な生活の中に古神道を見出しておられるのである。

そこで想起されるのは、昔の詩人であるが、カールブッセの「山のあなた」の「幸い」を尋ね求めたが、「幸い」は、目の前にある、という詩である。

また、童話「青い鳥」にみられる、青い鳥を探し求めたが毎日、暮らしている居間のカゴに「青い鳥」を見つけた、という話である。

ついでながら、もう一つ著名な天文学者のエピソードがある。彼は寝食を忘れて、星や月の観察に没頭し、天文学の第一人者となったが、空ばかりみていたので、石に躓《つまず》いて溝《どぶ》に落ちて大怪我をしたという。ここに留意されるのは「足元をよく見なさい」ということであり、これは禅家《ぜんけ》のいう「脚下照顧《きゃっかしょうこ》」にも共通する。いずれも「足元に気をつけて」との意味である。重要なのは、自分の本性をしっかりと見つめることである。他人に向かってあれこれと理屈をいう前に、自分の足元をよくよく見て「反省しなさい」ということである。

このように述べてみると、辻師の説く身近な古神道も同じことであることがわかる。古神道は「山のあなた」にあるのでなく「私たちの日常の生活そのもの」と説かれる辻師の言葉の意味が解ってくる。また辻師の古神道に納得がいくのは、解説が具体的だからである。例えば、古神道でとりわけ重要な「みそぎ」や「はらえ」の精神は、私どもの身近な日常生活のなかで最も基本的な洗面・入浴・手を洗う・清掃などの中に見られるという。そして大切なのは、これらを怠る事無く続けることだと説かれる。

ところで、古神道が身近にあることは、古神道を無関心なものにしている。あまりにも身近にあることが、古神道を正しく理解するさまたげともなっている。それゆえ辻師は、古神道の根本的な行法や秘法を、丁寧にわかりやすく説明しておられる。例えば、日常生活における清掃は、古神道の「はらえ」の思想で説明されるという。それは「極《きわ》めて汚濁《きたな》きも　滞《たまり》無《な》ければ　穢《きたなき》とはあらじ　内外《うちと》の玉垣《たまがき》　清浄《きよくきよ》しと　白《まを》す」との「一切成就《いっさいじょうじゅの》祓《はらえ》」に通じ、これが辻師の説く古神道の根本的な行法となっている。

このように、穢きことが溜まることのない一日一日を大切にする思想は、辻師の宗教生活そのものである。辻師の行法に定評があるのは、ひとえに、決して怠ることのない行学があるからで、それは「慎みてな怠りそ」という倭姫命《やまとひめみこと》のお言葉を実践されているからでもある。この倭姫命のお言葉は、東国征伐に赴《おもむ》く甥《おい》の日本武尊《やまとたけるのみこと》に草薙剣《くさなぎのつるぎ》を授ける際に送ったもので、多くの人々の知る所である。大切なのはそれを実践することである。

　ところで、若い頃の辻師は演劇の道を歩み、その後、欧米諸国に暮らして国際的感覚を身につけられたという。帰国後、奇しくも山蔭《やまかげ》神道第七十九世・山蔭基央師と邂逅され、大きな衝撃を受けられたのである。そこで辻師は山蔭神道に入門して、一千日間の瞑想行を成就され、さらに山蔭神道本宮にて一百日の行道に入り、これも満願成就せられたのである。爾来、現在に至るまで、山蔭神道・瑞穂神社の神官として神明奉仕に専心され、その間、憂悲苦悩をする人々の済度のために尽力してこられた。そのような辻師が全身全霊で書き上げられたのが本書である。一人でも多くの人が手にされ、辻師の説かれるところを日常生活での参考にしていただくよう心から願っている。

はじめに

生きとし生けるものは、大自然から生命をもらって誕生しました。大自然の不思議な力によって、生命はこの世に生まれ三十六億年という生命の連鎖によってつながってきました。古神道では、古代から私たち人間のイノチこそは大自然からのたまわりものと考えているのです。私たちのイノチは大自然の不思議な力（霊力）により、この世に生まれ、そして育《はぐく》まれてきたのです。それ故、私たちのイノチは、生きとし生けるものすべてとつながっている事に気がつきます。ここにいう大自然の不思議な力（霊力）を、〝カミ〟という名で呼んだのです。

人間の〝ふるさと〟は大自然なのです。

その大自然に対して、心の底から共感と畏敬を感じ、また、時によっては驚異をいだき、自分の生命が、自然の摂理によって生かされていることに気が付くことです。そのとき、おのずから生かされていることの感謝の念が湧きあがってくるのです。ここに古神道の真髄があります。

〝カミ〟の語源は「カガミ」という説もあり、「鏡」は神道の唯一の象徴ともいわれる

古神道の教えは、このような大自然の源《みなもと》を〝カミ（カクリミ）〟と称しているのです。
そして人間は、その大自然である〝カミ〟の〝わけみたま〟であり、大自然の分霊として、この現実の世界に誕生してきたといわれているのです。

故に、古神道では大自然界のなかに神性を見いだし、万物のあらゆるものに霊魂が宿っている事を認めているのです。

人間をはじめ、生きとし生けるもの――無機物までも含めたこの世の森羅万象は、私たち一人ひとりのイノチと深くつながっており、共存していることが大切となるのです。

さらに、この人間が生きる地球そのものも、一つの大きな生命体であると感じる事が大切なのです。そして、この原理は太陽系とも関係し、さらには大宇宙へとつながっていきます。それゆえ、その大自然の源ともいうべく〝カミ（カクリミ）〟を「古神道」では「宇宙大元霊」と名付けているのです。

第一章では、神道の成り立ちとその展開を述べてみました。続く第二章では、日常生活の中から、古神道の重要な思想を一つ一つ確認し、そこにみられる「宇宙大元霊」なるものに近づくために、くふうしてみました。これは特に若い人たちの「心の旅」の手助けになればと思いながら記したものです。そして第三章は、古神道の瞑想行法を解説しました。古神道は学問だけでなく、その行法を習得することが何より重要であります。第四章では、神社の年中行事にはいろいろな祭事があるのですが、特に古神道ならではの特徴を伝える〝大祓祭〟と〝祖霊祭〟について、またさらに、一般の様々な祈禱についても触れました。古神道の真髄を伝えることにより、また、古神道の秘伝の行法に触れることにより、世界の秘法ともいえる古神道の本質が、すこしでも明らかになれば幸いであると思っています。

辻　明秀

今を生きる「古神道」◎目次

第一章　古神道のはじまり　17

第三章　古神道の瞑想行法

第一章　古神道のはじまり

「古神道」は、いつ、どこからきたのでしょうか。日本は全国津々浦々に至るまで無数の神社が鎮座しており、その数は「八万余社」ともいわれています。

日本人は知らず知らずのうちに、日常の生活のなかで、さまざまなしきたりや慣習の中で暮らしておりますが、その根底に古神道の教えがあることに気づかずにおります。

古神道は、海の彼方からもたらされたものではありません。それは日本人の悠久の遠い祖先から受け継いできた、いわば日本の大地の中から自然発生的に芽生えた信仰で在ります。

遙か遠い縄文時代に、その端緒はあったといえるかも知れません。一万五千年前の縄文時代の遺跡に、縄文人の祭祀跡が発見されています。二千メートルもある山の中腹です。縄文人がわざわざ高地に祭祀場を求めたのは、大自然への脅威とともに大自然の素晴らしい姿のなかに、「神性」を感じたのではないかと思われます。

古神道は、日本の遥か昔に、自然に生まれ、日本民族の心の「礎《いしずえ》」となり、生活の支えとして、長い歴史の道のりを、途絶えることなく伝承されてきた宗教であるといえます。

そこには教祖や経典は存在しないのは当然なことであります。

一、日本人は誰でも古代から現代に至るまで〝古神道〟と繋がっている

日本は四方を海に囲まれた島国です。国土の八割が山脈であり、多くの山々には霊場があります。そのような山々を水源として無数の河川が、それぞれに平野を貫通し、海へと流れ込んでいます。しかし、平野といっても、島国ですから、それほど広大なものではなく、水は山から海へと直接に流れ込んでいるところも多いように思います。だから、川の流れは速く、早川といわれ、滝のように落ちているところも多く見られます。そのことが、山紫水明といわれるように、美しい日本の風景を形成しています。

また、日本では四季の区別がはっきりしており、自然に生きる樹木をはじめ、あらゆる生き物が、それぞれの季節にその生命を謳歌しています。

日本列島の無数の山々や河川は、季節に応じてさまざまな変化を見せ、彩りを見せてくれます。

ところが山々は、時として噴火する火山となり、恐怖をあたえます。一方、夏や秋には台風が到来し、多くの雲を着て、大雨を降らせ、河川は氾濫し、田畑や住居に被害を与えます。冬は一面の銀雪で覆われるのが現実であり、雪の深い北陸などは、交通機関が止まってしまうこともしばしばです。

このような大自然は、農作物等に恵みを与えてくれますが、その反面、大自然は常に恐怖も与えられるのであります。そこに人智を超えた「自然の摂理」といったものが感じられます。

このような日本という風土のなかで培われてきたのが、ほかならぬ「古神道」なのであります。

このようなことから、「古神道」とは、日本固有の風土の中で、自然に発生し、培われてきた自然宗教といわれております。

ただ、ここで重要なことは、古来、日本人は、自然を征服するのでなく、自然を受け入れ、愛し、自然とともに生活し、大自然の中に「神性」を実感してきたことです。たとえ

自然の樹木を利用した注連縄（しめなわ）

ば、神殿に張られた「注連縄《しめなわ》」は雲の象徴といいます。そして、そこに垂れている「紙垂《しで》」は雷光であり、さらに注連縄から出ている「藁《わら》」は雨を象徴していると伝えています。

そのようなことで、古神道の神々も、唯一絶対の存在でなく、神々も自然界の霊力の支配を受けるという、いたって人間的な神々が多いといえます。それゆえ、神と人と自然とは、同じ根からでてきた同根であります。人間の場合で説明すると、同じ祖から生まれた、いわば同胞《はらから》ということ、このようなものの考え方がみられます。畢竟するに、森羅万象は、みな「神から生まれた」ということになります。換言すれば、大自然から生命をいただいていること、それゆえに大自然に存在するあらゆるものに「神性」を認めることになります。
ここに古神道が「八百萬神《やおよろずのかみ》」といわれる所以があるのです。

二、大自然への信仰だから〝八百万の神々〟が存在する

古神道は、日本列島で自然に発生し、名も知らぬ多くの人々の間で培われてきました。人々は大自然に秘められている神秘的な摂理に対し、驚異し、折に触れて敬意や感謝を表してきました。そのことは四季折々に行われてきた祭祀などによって具現化されてきております。

雪に覆われた「瑞穂神社」の境内

古神道は他の諸宗教と異なり、教祖もいなければ、教義もないのです。しかし、古神道には、奥が深くて、

到底筆舌に尽くしがたい深い哲理のようなものがあります。常に大自然とともにありましたがゆえに、古神道と出逢うことは、そのまま大自然の神秘や真理と出逢うことになるのです。

儒教や道教、あるいは仏教が日本に伝来するまでの、いわゆる古神道の時代は、社殿などがなく、磐座《いわくら》や神籬《ひもろぎ》の前で祝詞を唱え、神事を執り行っていました。磐座は、宇宙の何十億年という記憶を持った宇宙の物体の破片とも言い換えることができます。そこでの神事は縄文時代にまで遡ることになります。

三、稲作は日本民族の汗の結晶であり、そこには〝古神道〟の原点がある

日本列島は細い弓なりの地形をしています。北から南へと長く伸びているので、地域ごとに季節は少しずれていますが、日本全体には、それぞれに春夏秋冬という四季があって自然は豊かであります。また国土は海に囲まれ、湖があり、何百という河川が流れています。たとえば、河川でいえば四万十川《しまんとがわ》、最上川《もがみがわ》、九頭竜川《くずりゅうがわ》などであり、いずれも素晴らしい名前で、豊かで清々しい水が流れています。

御神前へ海川山野の食物を「お供え物」として献饌する

古神道は清冽な〝水〟を重視いたします。豊かな水は稲作に不可欠であり、水のおかげにより日本人はお米を主食とする民族になりました。かつては神を祭る人々は、普段は稲作に従事していますが、祭りになりますと、神事や行事を主催し、世話をいたしました。いわば神主になるのですが、これを頭屋《とうや》（当屋）といっており、祭りや神事を持ち回りで執り行うのであり、そのような頭屋制度は、いまも村落に残っているところがあります。

田畑を耕し、お米を作るということは大変な労苦です。祖先たちが何代もかけて、工夫し努力を重ねて、コシヒカリやササニシキなどブランド米を作ってきました。

粟が主要な時代もありましたけれども、長い穀物の生産の歴史のなかで、日本人は稲の実である米を選び、ついにはそれをイノチの糧《かて》とすることに成功したのです。このような稲作の努力の歴史は、そのまま日本の歴史でもありました。そのような稲作の歴史の根元に古神道があることを忘れてはなりません。

ところで、稲作に従事する農民は、常に季節と結びついた生活をしてきました。稲は大自然の恵みなくして収穫できません。そのなかでも太陽が最も重要となります。

たなつもの　もものきぐさも　あまてらす　ひのおおかみの　めぐみえてこそ

これは本居宣長《もとおりのりなが》のお言葉であります。「たなつもの」とは「田根物《たねもの》」のことで、「田に根を下ろした作物」、それは五穀の代表である「稲」のことを意味しています。稲をはじめ、さまざまな草や木は、大自然の大地にしっかりと根をおろしております。いずれも大自然の太陽の恵みを受けて、生育することが出来るのです。だからこそ「ひのおおかみ」それは伊勢の皇大神宮（内宮）にまつられる天照大神のことでありますが、ここに大神宮信仰が成立したのです。つまり、大自然の太陽の恩頼《みたまのふゆ》に対する感謝から、天照皇大神の信仰が成立してきたということになります。

いうまでもなく、ここでは天照皇大御神を太陽にたとえていることになります。天照皇大御神を太陽のような神様であるとして、そこから受けている御恵みに対して、おのずから「いただきます」という食前の言葉も生まれてきたのです。

要するに、「稲」は太陽の恵みによりみのるのであります。もちろんのことながら、雨が降り、風が吹き、大地の恵みも忘れることはできません。

古神道の神々の多くが、「成《な》りませる」（化成神《なりますかみ》）といわれるのも、このような大自然の中から神々が誕生したからだと思われます。

古神道は、あらゆる自然現象に〈神〉を見出してきました。そこに八百万神《やおよろずのかみ》が成立してきたのだと思われます。この世に存在するありとあらゆるものに、あるいは現象のなかに不思議な力、神性を見出してきたのです。このような神の観念が古神道の基本になっていると思われます。

四、日本民族の歴史は生きとし生けるもの、あらゆる自然との共存共栄にある

万物に霊魂が宿っているという信仰から古神道の神々は「八百万」といわれます。そのことは既に述べましたが、大切なことですので、少し、補説をしておきたいと思います。古来、日本人の生活とも密なる関係にある大自然は、征服するものではなく、それらと共に生きようと努力してきました。しかし、西欧では「自然を征服する」といいます。例えば、「エベレストを征服した」などと誇らしげに語ります。しかしながら、わが国では、古神道にしたがい、自然や万物のなかに霊的なものを見出し、例えば、山を「霊山」として、すなわち神霊の宿る聖なるところとして、征服するよりも崇拝してきました。つまり山は山の神でした。

そのようなことは、山だけでなく、大自然の水や木・川なども同じであり、それらは、水の神、川の神、海の神、潮流の神、火の神、木の神、草の神、土の神、砂の神、金の神、岩石の神、風の神でありました。また日の神、月の神、星の神なども存在します。

さらに、肉眼では見えない風や、小川の流れの音などにも神秘的な神霊が宿ると感じた

古代人に、深い感性をうかがうことができます。

次に注目されるのは、日本語には擬音語、擬態語が豊富だということであります。これは「オノマトペ」といわれていますが、その「オノマトペ」が豊富なのは、古来からの自然と共生してきた日本人の感性によるものであり、ここに日本人「らしさ」が表れております。

例えば、風が「そよそよ」と吹いている、小川が「サラサラ」と流れている、星が「きらきら」と光っているなどは、日本人の感性の豊かなことを表しています。このように豊かな擬音語、擬態語を用いている民族は少ないのではないでしょうか。このように、擬音語、擬態語が豊富であるということは、自然とともに生きてきた日本人ならではの特性といえると思います。つまり、人間は万物と共生して生きております。換言すれば、万有(宇宙に存在するすべての物)と全く同じ存在であるということであり、このような思想が古神道の特徴であります。それを「万有即吾《ばんゆうそくご》」とも称しています。宇宙に存在するすべての物は、そのままの姿で真理に目覚めているのだというのです。

そのような思想ですから、古神道でいう森羅万象とは、どんな小さなものでも、この宇宙秩序の摂理の中に組み込まれているということになります。互いに関係しあって存在し、天地宇宙、自然万物は我と一体であり、生命の根源は一《ひとつ》であるというのが根本思想であります。

大自然のなかに神秘的な神性をみることになり、万物に霊的なものが宿っているという信仰を宗教学などではアニミズムと称しています。特に西洋人の宗教観では、このアニミズムを低次元の原始宗教ととらえており、低級な民俗的な自然観を体現しているものであると考えられてきました。そのような観点から、日本の古神道を「宗教ではない」との見解もみられます。

しかしながら、広く世界的に見られる自然破壊・地球温暖化をはじめとした生態系の乱れは、西洋の科学技術を最優先とし、自然を克服するという高慢な歴史観や思想にもとづくものであり、それがもはや障壁に直面して、そこに戸惑いと反省の色が見えはじめております。

このような障壁を乗り越えるには、やはり大自然の中に神性を見るという古神道の思想が最も重要であると云えるのです。ただし、近年、世界的な自然破壊や地球温暖化をはじめとした生態系の乱れなどにより、西洋の科学技術を最優先しながら自然を克服してきた歴史、その思想や現実にとまどいながら、反省の色が見えはじめました。

このような世界的な状況の中で、自然の中に神性を見るというむしろアニミズム的な日本の神道が、最も根源的な科学思想として見直されはじめたといえます。

五、日本人は神々を敬い、先祖をあがめる心をもった民族である
――〝祖我一如〟の意味するもの

古神道には、自然と共生共存するという自然観があり、それとともに「祖我一如《そがいちによ》」ということを重視いたします。あまり聞きなれない言葉かもしれませんが、我（私）という存在は、ご先祖と一体としてつながっているという意味です。我（私）と先祖は、太古の昔から連綿と続いてきた一体のイノチであり、それはまた、未来へと続いていくイノチでもあります。ご先祖から悠久の時のながれとともに、手渡されたイノチのバトンを次の時代へと渡すことになります。つまり、私たち一人ひとりはイノチの継承者であるということができます。

そのように考えてきますと、生まれることも死ぬことも、我（私）一人のことではないことが分かってきます。常にご先祖様と共にあるのであり、したがって我（私）のイノチを絶つという自死は許されない行為となります。

これが「祖我一如」を重視する理由であります。なお、補説すると、我（私）という存在は、この悠久の宇宙に延々と流れるイノチの一コマであり、ご祖先と我（私）とは、肉体的のみならず、精神的、すなわち霊的にも一体であり、我（私）が生きるということは、畢竟するに、この悠久のイノチを継承して生きるという意味になります。それゆえ、この「祖我一如」という思想は、己が祖先を敬うことであり、親をはじめ、先人や故人を敬愛し、その足跡や智恵を学びに活かしていくことにつながるのです。

さらに一つのイノチを遡ってゆくと、一霊《いちれい》に到着いたします。

六、古神道に受け継がれている思想には〝一霊四魂〟という哲理がある

古神道には、宇宙観、人間観といったすべての生体をつらぬく「一霊四魂《いちれいしこん》」という思想があります。

それは、宇宙全体にかかわるもので、宇宙の生成、宇宙の活動や調和力、そして生滅と新生の因をなす働きとなるものとされているのです。ここでいう「一霊」とは、大宇宙を統一している中心を意味し、創造主を指しているのです。その創造主を古神道では、「宇宙大元霊」と呼んでいるのです。

「一霊四魂」の解明や説明は一言で表せませんが、あえて最も基本的なところを述べます。

「一霊四魂」の「四魂」とは、「奇魂《くしみたま》・幸魂《さちみたま》・和魂《にぎみたま》・荒魂《あらみたま》」を指します。

「奇魂」とはすべての創造発生の源であり、宇宙法則の根源の力とします。「幸魂」とは、宇宙の調和を与える力であるとします。「和魂」は、宇宙のエネルギーをたくわえる力とします。「荒魂」とは、あらゆる現象の一切を生み出す力とするのです。

さらに古神道では、「一霊四魂」を宇宙の解釈だけではなく、人間の真性を解明するものとしています。

それによると、人間の「奇魂」には、理性を司り知性的活動により人間の心身に働きかけるものとします。「幸魂」は情緒をつかさどり、身体を調和させるものとします。「和魂」は、血液をはじめとした体液、その他をつかさどるものとします。「荒魂」は、肉体的諸器官をつかさどる新陳代謝の働きであるとするのです。

古神道は、これらの宇宙観や人間感にもとづき、口伝秘伝の四魂論をふくめて祭祀・祈禱を執り行うことがあります。この四魂論にもとづいた祭祀・祈禱こそ、古神道ならではの秘儀といっても良いかもしれません。

七、古神道は〝まこと〟の心と〝まこと〟の道の実践である

古神道とは、一言でいえば、「まこと」の実修でもあります。「まこと」の心をもって、「まこと」の信仰に生きることなのです。そうすることにより、「まこと」の道が開け、その「まこと」の道を歩むことができます。これを古神道の実践といいます。

〝まこと〟という言葉は、美しくあること、清らかであることであり、そのような行為は正しくあることになります。「まこと」は真・善・美が一つに統合された素晴らしい世界

のことであり、そこには嘘や偽りが微塵もない真実の境地があります。

このような〝まこと〟のなかに神々は存在しており、その神々を信仰することを通して、私たちは「まこと」を実現しているのであります。「まこと」の心を以《もっ》て「まこと」を捧げてゆくのだといわれております。

繰り返しになりますが、古神道の「まこと」の心とは「誠心誠意」「清明正直《せいめいせいちょく》」という思想の基本につながっていると考えられます。「清く、明るく、正しく、直く」というのは、人間として生きる究極の理想といえましょう。「清明」「正直」は、いずれも中国の古典から採用したものとされていますが、日本の文献では「元正天皇御即位を聖武天皇に禅《ゆず》りたまふときの宣命」の中に「清き明き正しき直き心を以《もち》て、皇朝《すめらがみかど》をあななひ扶《たす》け奉《まつ》りて」と見えるのが初めてであるといわれています。「禅《ゆず》り」とは「天子が位を譲《ゆず》ること」であります。この「清明正直」という態度と実践は、古神道の信仰や、神社に仕える神主の信条として、今も重視されております。

八、鎮魂とは精神を統一して〝大元霊〟と同化することである

――〝鎮魂の原理〟

古神道の根本的理念の一つに「是身即神」という教義があります。

この「是身即神」こそ、精神統一をして鎮魂に至る考え方といえます。

瞑想により行法は、心を鎮めて眼を半眼にして無心の状態になることが、その第一歩ですが、大自然の神々に向かって心をひらくことが大切なのです。

心をひらくことができ、さらに心をあずけるということができるようになると、瞑想を通して己の「真我」に気付くようになるのです。

瞑想を始めた頃には誰でも、日常生活に於ける様々な出来事や思いが頭に去来して、それが雑念として邪魔をします。そのような状態を通過して、ある期間を過ぎると無心の状態を迎えることができ、いよいよ心をひらくことがはじまるのです。その時、さらに今まで手放したことの無い「自我」というものが崩壊しはじめるのです。これが「真我《しんが》」との出会いです。瞑想を通して「真我」を求める時、神人一如という境地を体験することになります。「真我」とは「真実の自分のこと」すなわち「本当の自分自身の姿や心」を意味

神官は「神人一如」の境地となって祝詞をささげ「神祭り」を奉仕する

しています。それは大自然の神々に通ずる自分であり、そのような自分になった時、宇宙に存在するすべての者、ないしは物と調和することができるのであり、これは完全なる調和の世界に生きることを意味するのです。それは、心の一番奥底にある、最も深いところにある「本当の自分の心」の発見なのです。その境地になると、この世の森羅万象に組み込まれてゆく自分を感じ、さらに、個としての存在を超えて、宇宙の生成の一部として生かされている自分を感じるようになるのです。このことを「是の身、即神」というのです。したがって古神道でいう鎮魂とは、精神を統一するだけでなく、大元霊《だいげんれい》と同化することなのです。

古神道には、我（私）という存在の中心に〝直日霊〟という大元霊の分霊があります。また一存在を構成する四魂も肉体も、すべてこの大元霊の生成化育したものである、という考えがあります。

これらの真理に触れるには、ひたすら修行による〝鎮魂〟と〝祈り〟を体験することであり、それゆえ古神道では、とくに己が身の体験による実感や認識を重要視しているのです。

以上に述べたところは、すべて人生そのものの生き方、日常各自の生活態度の中に存在いたします。つまり一人ひとりの生きる心構え、生き様といったものに直接かかわってくるのです。

また、修行による〝鎮魂〟と〝祈り〟は、長い人生でさまざまな困難や辛苦に出会ったとき、それらを乗り越えてゆく霊力として〝よみがえってくる〟のです。その時、あらゆる〝祈り〟が成就してゆく様を体験するのです。

第二章　身近な古神道の〝人生実現〟

一、はらえ・はらい――祓え・祓除・解除と解除の料・祓の料――とは何か

日本人は〝祓え〟に生きている

日本人ならばどなたも「はらえ」という大和言葉をご存知と思います。これを「はらい」という人も多くいます。しかし「はらい」と「はらえ」は根本的なところで意味が違います。「はらえ」はなにかに「はらってもらう」という意味ですが、「はらい」は、「自分ではらう」という意味になります。

子供の頃から神社で〝おはらえ〟を受けた経験のある人も多いと思います。何をはらう

神霊の降臨とともに御神前も「祓麻」により祓う

のか、特に意識することもなく、初宮参りや七五三で神主さんから〝おはらえ〟を受けます。「はらえ」は私たちの日常生活のなかにとけこんでいるのです。だから神主さんのことを「おはらえ師《し》」ともいいます。

しかし、近年〝はらえ〟という宗教儀礼が軽くみられ、それとともに、日本の伝統的な習慣、習俗、あるいはしきたりなどが失われ始めています。

時代の変容とともに、あらゆる日常生活の合理化が、すさまじいスピードで進み、人々の意識を変え、そのため人間性そのものが変化しつつあります。

私が子供の頃は、母親は毎朝、ホウキとハタキで、それぞれの部屋を掃除しておりました。

畳の部屋はホウキで掃き清めるのがふさわしくできています。また、障子や電気の笠などはハタキではらうことになります。床の間、棚、家具、置物などの小さなホコリを取り除くのにも、ハタキが最も適していました。

また、天気の良い日には布団などを外へ出して日光にあてて干したものです。その時、布団タタキで叩いてホコリを掃ったものでした。しかし最近は、さまざまな理由から布団を干すことを禁止しているマンションも増えています。洗濯も毎日いたしたものですが、手でゴシゴシ洗うことが〝衣服を浄める〟ことでした。このような行為のなかには深く古神道の思想を見ることができます。

つまり、数十年前までは、日々の掃除や洗濯が、古神道の〝はらい〟の行為でありました。これは「自分ではらう」のですから、「はらえ」ではなく「はらい」ということになります。それはいずれにせよ、日光に布団を干す、洗濯をする、風呂に入るなど、日常の生活やしきたりが、そのまま古神道と呼ばれる日本古来の伝統的な宗教儀礼ともいうべき〝はらえ〟につながっていることを、知っておきたいものです。

私が若い頃の修行時代は、毎朝、神社の社殿の内部をはじめ、賽銭箱に至るまで雑巾でふき清め、さらに広大な境内、参道等を竹ぼうきで掃き清める、このようなことが日課の一つでした。

早朝に禊ぎをした後、爽やかな空気の下で、おびただしい枯葉なども取り除き、毎朝々々決まった時刻に定められた場所を掃き清めるという行為は、〝心を掃き清める〟ということでもあるということを実感として受けとることができたのです。その時感じた事は、清涼感とともに心の開放感なのでした。これも大切な古神道の行法の一つだったのです。

また、大地に落ちてくる木の葉の色も、木の葉の種類も日に日に、変わっていき、季節の移り変わりというものをつぶさに感じられ、心にしみる思いでありました。

そして、夏も終わりになると、鳴き競っていた蟬たちの亡骸が無造作に転がっていて、あはれ《わ》を感じさせることもありました。


毎朝、境内を掃き清めながら、実感することは、樹木の色の変化であり、通り過ぎていく風であります。目には見えないが、風は木の葉を震わせながら、通り過ぎ、そのような中で大自然の風貌が少しずつ変化していくことを、肌で知り、これが大自然の摂理であると実感いたします。そのような四季折々の中で、生かされている自分を知った時、日本に生まれたことの幸福をしみじみ感じます。日本は他国と比べると春夏秋冬がはっきりしており、私たちはそのような日本の四季に出会うことができます。そして四季とは、消滅と再生の繰り返しなのです。

すでに述べたように、日本という国は、弓なりの風土でありますが、そのようななかでも四季を感じて生きてきました。四方を海に囲まれ、無数の河川が山々を貫き、それぞれの平野に流れ込んでいます。まさに清明な水に恵まれた大自然が息づいている島国です。

これが、古神道には〝水の思想〟が息づいている所以であります。

さらに、私の修行時代の体験として忘れられないことがあります。それは古神道の修行は、特別に定められた、特定の行道次第にそって、百日間の瞑想行をやり遂げる、というのが目的であり、それをやり遂げないと神官への道は開かれないのです。その行道期間中は、神社内から一歩も外へ出ることは許されず、たとえ両親に不幸があったとしても立ち会うことは許されない、という決まりなのです。

そのような決意の上、瞑想行に入行するのですが、朝の禊ぎをしながら、清掃をしながら、また瞑想をしながら、毎日ふと、昔の出来事が心に浮かび、蘇ってきました。幼少の頃からの自己体験が、順を追って鮮やかに甦ってきました。

過去の全く忘れていた出来事や、潜在意識として眠っていた思い出が、日々、昨日のことのように思い出されてきました。

この瞑想行から、人間には過去の体験などが、習慣化されていることに気付き、さらに心の世界ではもっと複雑に、もっと過酷に、無意識の世界まで、過去の色々な出来事が支配しているということを、実感いたしました。

このように瞑想中には、過去の出来事や体験が雑然として蘇ってくるのであり、それらのすべてに付き合い、すべてを白日の下に晒し、もう一度心の引出しに収め直すことが必要となり、それが大切なことであるのだと思いました。

これはとりも直さず、自分自身に対する「祓い」であり、古神道の瞑想行を一歩、進めるためには不可欠な入口であることに気が付いたのであります。つまり、これが「祓い」の本義であるということなのです。

〝祓い〟とは

「祓え」とは、「晴れ合う」こと、または「晴らし合う」の意味であると説かれています。これは「神に物を差し出し、罪・科・汚れを晴らしてもらう」という意味になります。

これに対して、「自分で祓い清める」忌みの「祓い」があります。その「祓い」に視点を移して考えてみると、これは「晴霊《はるひ》」あり、霊魂に活力やエネルギーを与える意味になります。

したがって「祓い」は、そもそも日々の生活を営む上で、欠かせない生活の知恵であり、これこそ、古神道の根本原理の一つであります。さらに、この「祓い」には古来「天の祓い」と「地の祓い」、そして「人の祓い」があるとされています。

〝天の祓え〟とは

このうち「天の祓い」とは、〈神霊の霊光〉や〈言霊《ことだま》〉、また〈音霊《おとだま》〉によって、祓え浄めを受けることで、一般にいうところの「祓え」に近いことになります。また〈神霊の霊光〉とは、換言すれば、神社で神霊を拝して、祓い幣《ぬさ》による修祓《しゅうばつ》などにより心身を祓え清めていただくことにも共通します。

正月をはじめ、さまざまな祝い事などには、ほとんどの日本人は、この「祓え」の神事を行うことを習慣としています。

古来、日本は「〈言霊《ことだま》〉の幸《さき》わう国」と呼ばれてきました。これは言霊が、すべてのことを栄えさせていると信じられてきた国という意味であります。

敷島《しきしま》の大和《やまと》の国は　言霊《ことだま》の
助くる国ぞ　ま幸《さけ》くありこそ

という柿本人麻呂の歌があります。「日本の国は、言葉がもつ摩訶不思議な霊力によって成り立っている幸多い国」というのです。

古代の人々は「言葉には霊的な力が宿る」という「言霊信仰」を持っていました。清らかな心から生まれる良き言葉は、その言葉通りに良い事が起こり、良い結果を結びます。

これに対し、乱れた言葉や悪意のある言葉は「災いをもたらす」と信じられてきました。現代でも、祝宴などでは「別れる」とか「終わりにする」という言葉は使用しないという習慣があり、これを「お開きにする」という言葉を使ったりしています。それは言葉の持つ霊力を信じているからであります。

そこで、人を縛る言葉や人を不安に陥れるような言葉は、使わないことが大切であることになります。それゆえ、不幸の渦中にある人、あるいは病の状態の人が、心からの感謝の言葉――「ありがとうございます」を言い続けると、眼にはみえない言霊の力が働いて、すべてが良い方へと次第に変わっていくことになります。言霊の持つ不思議な力が生きてくるのです。

述べてきたように、日本は、〈言霊〉によって守られ、祝福された国であり、〈言霊〉とは神霊によって啓示された言葉のこと、また神霊を呼びさます言葉のことであるのです。

古神道における〈言霊〉が生かされたその代表的なものが「祝詞《のりと》」であります。なかでも「大祓詞《おおはらえのことば》」であり、現在も、神前で奉唱されています。この「祝詞」は古代から伝えられてきた古い伝統的な「祓詞」であり、神社では毎日唱えているところが多く見られます。

この「大祓詞」は、「中臣祓《なかとみのはらえ》」ともいわれます。大祓というと、個人的な祓えではなく、むしろ、国家全体の罪・科・汚れを祓え清める意味がありますが、「中臣祓」ですと、個人的であり、いつでも、どこにいてもとなえることができる形式になっています。

私の奉仕する神社でも、年に二度の「大祓い」の儀式があります。一つは「夏越の大祓祭」であり、もう一つは「年越しの大祓祭」です。いずれも参列者全員で、この「大祓詞」を奏上します。

「大祓詞」のもつ「言霊力」には、神秘的で偉大な浄めのパワーが秘められています。大祓えの根本精神は、神の神威《みいつ》によって祓われるところにあります。

次に、〈音霊《おとだま》〉とは、意識して出す音や音楽・楽器などから出る音に備わっている霊的な浄めの霊力のことです。

古来、祈禱や祭りに太鼓が用いられ、現在も常に使われているのは、そのリズムやバイブレーションに清めの力が有るとされているからなのです。

また、太鼓の音響が、大海の大波が打ち寄せる音、打ち返す音とされてきたのは、このような理由からだとも思われます。

現代の神社の祭事には、太鼓は欠かせないものになっていますが、弥生時代では「銅

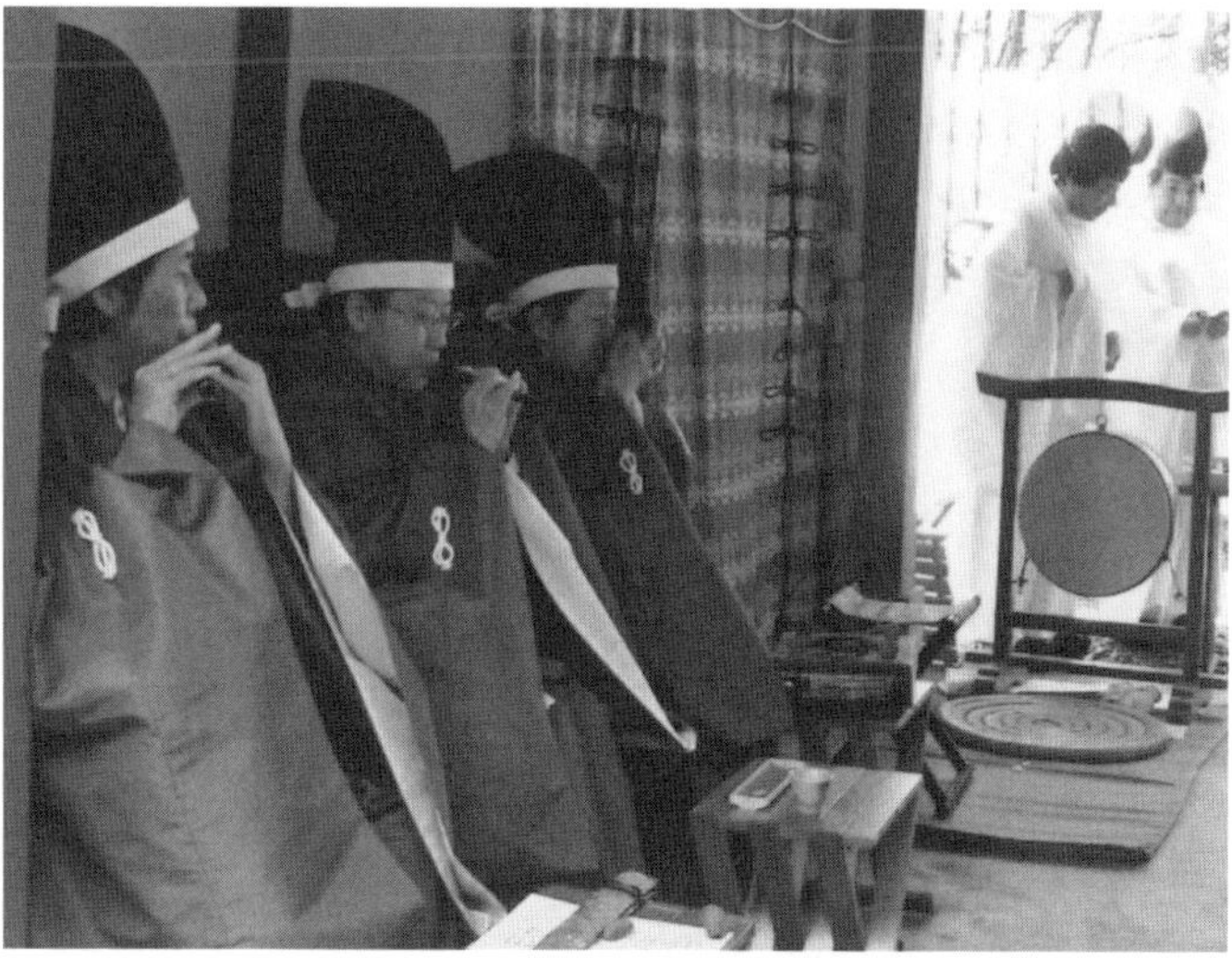

「瑞穂神社」に於ける伶人の演奏

鐸」が音を出すための楽器だったらしいと推察されることから、古代の祭りにも音響は欠かせないものだったと考えられます。

また、太鼓のほかにも笙《しょう》・篳篥《ひちりき》・竜笛《りゅうてき》・琴などの日本の伝統的な楽器も活躍していますが、これらもまた、永い年月にわたり、神事に深く関わってきた楽器です。

いずれも、日本の古来から、神霊を呼び覚まし、浄めの霊力のある〈音霊《おとだま》〉の楽器であるといえます。

〝人の祓え〟とは

「人の祓え」には「型代《かたしろ》の祓え」と「忌火の祓え」があります。このうち「型代の祓え」は、様々な素材を用いて、人の形をした型代・人型《ひとがた》を作ります。その型代に、その人の罪汚れや邪気を依り憑けて、それを水に流したり、あるいは火で焼いたりすることで浄め、病や厄難を消滅させるという行法です。

今は、紙の型代がほとんどですが、平安時代には、木片の人型が、そしてさらに古い時代の遺跡からは、様々な素材の型代が出土しています。こうした人型を見ると、この「型代の祓え」は、古くから神秘的なものとして、伝統的に信仰されてきたことが解ります。

型代（かたしろ）のお焚き上げにより罪（つみ）・科（とが）・汚（けが）れを浄める

次の「忌火の祓え」は、火によって祓え浄めることであり、古くから汚れたもの、霊的に不浄なものは、火によって浄めることが最上であるとされてきました。

「火」は「霊《ひ》」であると私は実感してきました。神秘的な生命の根源であると考えています。しかし、「火」にも、汚れた「枉《まが》つ火《ひ》」と浄める力をもつ「忌《い》み火《ひ》」があります。

このうちの「忌み火」は身を浄め、神霊に祈りながら火を焚きおこすものです。

私の奉仕する神社では、年に二度の大祓祭の際には、神殿前で無数の型代を、浄火によって「お焚き上げ」いたします。人々の日常生活に於ける様々な苦しい思い、辛い思い、あるいは不浄の念などを浄火によって祓い浄める儀式です。

また、「大祓祭」とは別に、年に一度、執り行われる「祖霊祭」では、先祖代々の霊《みたま》や、ゆかりの霊を浄霊浄化します。

この「祖霊祭」は、「浄霊祭」とも呼びますが、一家族の中で帰幽（他界）した家族たち、そしてその先の遠い先祖たちの霊を型代にお呼びして、浄霊浄化の祝詞を奏上し、これも浄火によって浄める祭りであります。

お一人お一人の霊の型代に祈りを捧げる時に、その霊の思いや未浄化の念が伝わってきたりすることがあります。この現世《うつしよ》に思いを残し、未練のある霊や、不幸な亡くなり方をした人の霊は、強い負のバイブレーションとともに、それなりの反応を示します。

この「浄霊祭」によって、いかにその霊を浄霊浄化するか、それが神職としての私の大切な勤めであります。私は現在までに五〇〇件以上の祖霊祭を執り行い、霊の浄化のための「浄霊祭」に奉仕いたしました。それぞれのご家族で、それぞれに異なった浄霊浄化の反応を示します。近い祖霊、すなわちお亡くなりになって、まだ長い年月が経過していない方の霊、また特に信仰心の篤い方のおられる場合は、その家族全体の霊が静かに鎮まっていることを実感することもしばしばあります。

この「大祓祭」と「祖霊祭」は、さらにあらためて第四章で触れます。

〝地の祓え〟とは

続いて「地の祓え」に移ります。これには「土の祓え」「塩の祓え」「水の祓え」などがあります。

「土の祓え」の場合は、清らかな聖地といわれる土地、清浄な海岸の砂などを、家屋の周辺に敷き詰めたりして「祓え」の儀式に用いることです。「地鎮祭」の際には、その土地の中央に穴を掘り「鎮《しず》め物《もの》」をいたし、その上を清浄な石と砂で覆います。

〝塩の祓え〟とは

天然の塩は、人間の身体の内外に活力を与える神秘的な浄化力を持っていると伝えられてきました。古来、日本人は塩の持つ浄めの霊力を崇め、人の祓え、家の祓え、乗り物の祓え、土地の祓えの際などにも塩を用いてきました。

葬儀の後に用いる浄めの塩、相撲の土俵入りに撒く清めの塩、また昔からのしきたりとなっております家屋や店先の入口に盛られた塩、これを「盛り塩」といいますが、いずれも日本人の生活の様々の場面で、塩の浄めのしきたりを知ることができます。

塩は、人体の機能を維持する上で不可欠であります。そして腐敗を防ぐ霊力があります。胎内に子供を育てつつある母親の羊水の塩分の濃度が、海水と同じ濃度であるということを知った時、私は、その神秘性に心が打たれました。イノチは海から生まれたのです。詳しく言えば、三十六億年前、「生命《いのち》」が初めて海から陸にあがったといわれています。海水は、生命にとって極めて根源的なものであり、原初における生きものたちは、大自然の海から陸へあがり、動物としての歴史が始まったことに、思いをはせたものでした。

〝水の祓え〟とは

清明な水で身を洗い浄める。清明な水に触れたとき、身も心も浄められることを実感いたします。清らかな水こそ万物を浄める不思議な力があるといえます。

日本の深山から流れ出てくる清冽なる川は、日本の国土を清めてくれます。それと同じように、古神道では水により身体を浄めることによって「清明正直」な身と心に立ちかえり、神霊の霊光を受けようといたします。カミを祭るには、必ず身も心も、清浄でなければならないというのが古神道の根本的な思想です。そのような思想から「禊」や「祓え」の儀式が考えだされたのです。

二、みそぎ──禊ぎ・潔身・水注ぎ・身滌ぎ・身曽貴──とは何か

〝禊《みそぎ》〟は神代からの日本人の〝ならわし〟である

私の奉仕する神社の境内の一隈には「禊ぎ場」があります。板で囲った小さな空間ですが、朝起きると、そこで必ず「禊ぎ」をいたします。春・夏・秋・冬一年三六五日、毎朝、禊ぎをして心身を浄めます。禊ぎは、私の毎日の生活の一部であり、ごく当たり前のこととなっております。

古神道では「禊ぎ」は、生きている限り続けるところに意味があるといいます。毎日が「禊ぎ」であることを理想としております。

二月は、海へ〝禊ぎ〟に行きます。一年の中で最も寒い大寒の二月です。朝、六時に出発し、六時三〇分頃に海に入ります。あたかも、正面の水平線から真っ赤な太陽が昇ってきます。海中に身を沈めながら〝禊祓え〟の祝詞を奉上します。祝詞の上津《うわつ》海神《わたつみのかみ》の大神をとなえる時には、頭までもぐります。次に中津《なかつ》海神《わたつみのかみ》の大神をとなえる時には、海

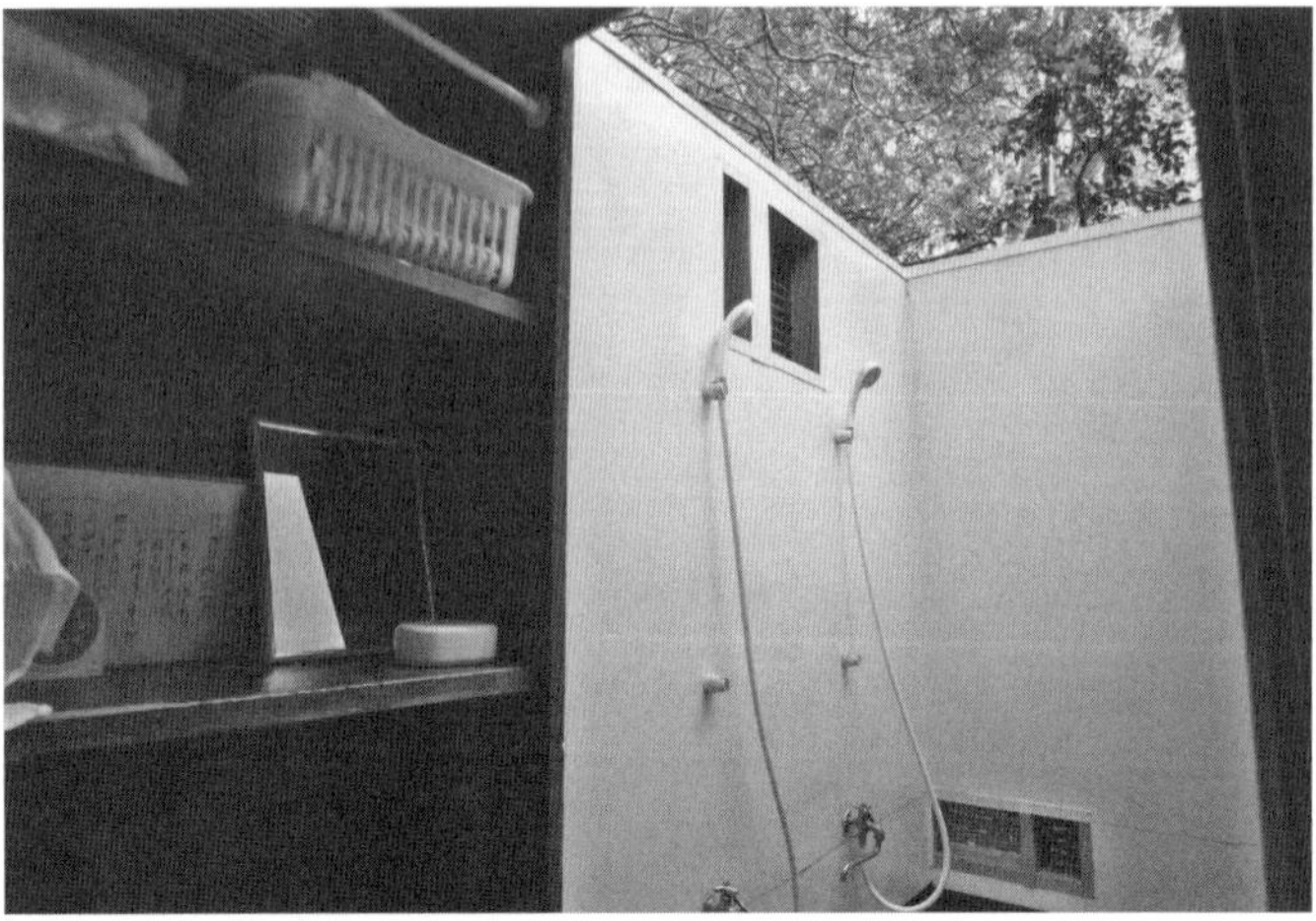

屋外の自然とつながっている神社境内の禊ぎ場

水の真ん中までもぐります。さらに底津《そこつ》海《わたつみの》神《かみ》の大神をとなえる時には、海底にまでもぐります。

このようにするのは、それぞれの海神三神《わたつみのがみ》たちへの畏敬と〝祓え〟を示すための行為なのです。

朝空がしらじらと明ける頃、さわやかな心身で神社にもどります。

私が神職を志し、神職となってから、このような〝禊ぎ〟を続けること、すでに四〇年をすぎてしまいました。毎朝の〝禊ぎ〟と海の〝禊ぎ〟は一度も怠ったことはありません。継続することが大切なのであります。

〝みそぎ〟という言葉には色々な漢字が当てられていますが、それらのすべてに意味がこめら

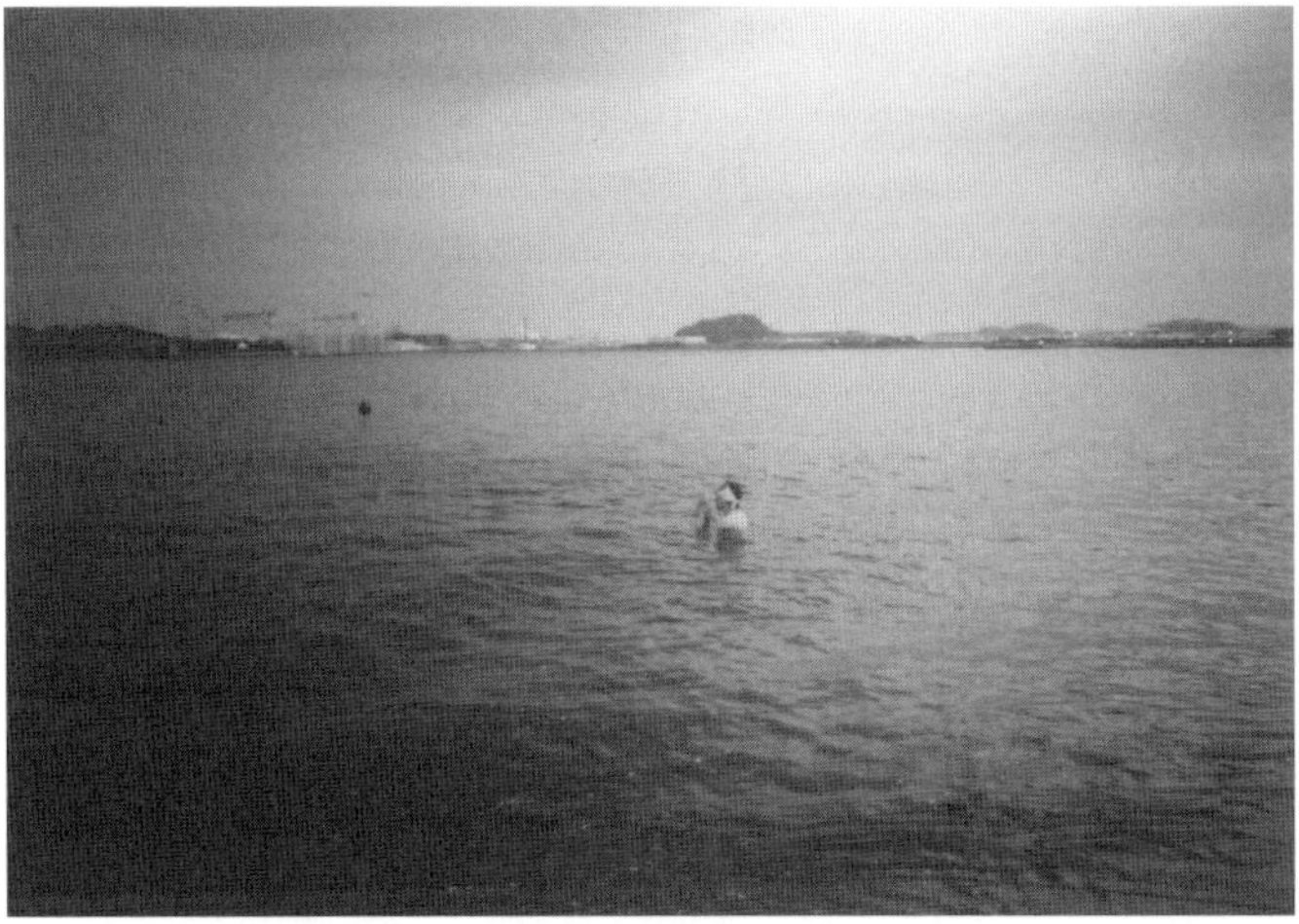

「寒中禊ぎ」として毎年２月初旬に海の禊ぎを行う

「寒中禊ぎ」行道者とともに禊ぎ祓いの祝詞を奏上

れていると思います。

余談ですが、「歯の根が合わない」という言葉があります。最初の頃は、海に入った瞬間に歯の根が合わなくなり、祝詞を奉上することもできなかったりします。想像を絶する寒さですから、無理のないことで、それでも、二度、三度と経験するうちに、「直日霊《なおひのみたま》」が鎮まるのでしょうか、祝詞を奉上し大海原と一体となることができるようになります。

古神道では、宇宙始源の神霊と融合するために、永遠の〝祓え〟と〝浄め〟を求めることを重視いたします。

これを換言すれば、清く・明るく・正しく・直く生きること、いうなれば、これは〝清明正直〟という神道の根源思想なのです。


このように心身を清明なる状態に保つには、自らの心身を浄めなければなりません。その第一の方法が水で浄める〝禊ぎ〟であります。古事記によるイザナギノミコトが〝禊ぎ〟始まりといわれています。

イザナギノミコトは妻のイザナミノミコトが亡くなり、その後を追って黄泉の国を訪ねます。ところがそこで変わり果てたみにくいイザナミノミコトと出会います。イザナギノミコトは逃げかえり、筑紫の日向の橘の小戸で黄泉の国の汚れを浄めるべく〝禊ぎ〟をしたと古事記に記してあります。

イザナギノミコトは、〝禊ぎ〟を執り行うために身につけていたあらゆるものを投げすて、素っ裸の自分にかえって禊ぎをすることによって、あらゆる迷いや過去のことから〝よみがえり〟を果たしたと伝えられています。これが全身全霊を清める〝禊ぎ〟という行為の起源であり、身心の〝よみがえり〟であります。したがってこの〝禊ぎ〟こそ、精神を向上させる重要な神道思想であります。

そのような意味からして神道は〝よみがえり〟の宗教だといえます。

日々の生活の中で、何か不祥事が起こった時、色々と話し合った後で「水に流す」ということがあります。それまでのわだかまりの一切を許し合っていくということなのです。「水に流す」というこの日本に伝統的に継承されてきた思想は、日本人の美徳ともいうことができます。ここからまた新しい出発となるわけです。過去にこだわる人間は過去からぬけでることができません。再生により新しい人生ははじまり、未来は輝いていることを認識すべきです。

伊勢神宮の二〇年ごとの式年遷宮、出雲大社の六〇年ごとの式年遷宮などと、日本の神社は、式年遷宮を行います。何故、式年遷宮をするのでしょうか。遷宮するたびに、神殿とともに、あらゆるもの、例えば神具や祭服などに至るまで新しくいたします。このような式年遷宮が一三〇〇年以上も続いてきているのです。

ギリシャのパルテノン神殿は遺跡となっており、神殿といいながらも、もうそこでは神をまつることはみられません。その理由の一つは日本の神社のように再生の思想がないからです。留意されるのは、神殿がほろびると、祭祀のみならず思想や伝統的な慣習も絶えてしまうということで、これは憂うべきことであります。

再生は、新しい創造へとつながり、そこに生命《いのち》の〝よみがえり〟があると思います。

大宇宙・大自然は、生きとし生けるものすべてに活力を与え、常に再生を繰り返しながら、新しい生命の創造をしているのです。

三、むすび・むすひ――産霊・産巣日・産日・産魂――とは何か

人は誰でも一生を〝むすひ〟の神に守られている

子供のころ国歌「君が代」の最後の歌詞〝苔むすまで〟の意味が解りませんでした。〝お米をムス〟ということしか知らなかった私は、「苔をムス」はずがないと思っていました。

その後、〝ムス〟とは息子《むすこ》・息女《むすめ》の「むす」で、〝産す〟〝生まれる〟〝生ずる〟という意味で、ものごとをどんどんと増やしていく霊力であることを知ります。〝苔むすまで〟とは〝幾久しくいつまでも〟という意味だったのです。

また〝ヒ〟は〝霊《ひ》〟で、人智で計り知ることのできない不思議な力、すなわち〝霊力〟という意味です。したがって、〝ムスヒ〟とは万物をどんどん生成発展させる不思議な霊力という意味になります。

宇宙創造の神とされる造化三神の天之御中主神《あめのみなかぬしのかみ》は、「全一《ぜんいつ》のカミ」ですが、高御産巣日《たかむすびの》

神《かみ》そして神産巣日神《かみむすびのかみ》の二神は、ともに「産《むす》ひの神」とされています。

この世に生まれいでた時、赤ん坊は大声で泣き声をあげます。この生まれてはじめてあげる声を〝産声《うぶごえ》〟といいます。生まれたての赤ん坊を、〝産子《うぶこ》〟と呼び、生まれたての子を入浴させることを〝産湯《うぶゆ》〟に入れるといいます。

さらに、〝産衣《うぶぎ》〟〝産毛〟そして〝産養い《うぶやしな》〟という言葉があります。この〝産養い〟というのは、生後、三〇日、五〇日、七〇日などの夜に親族一同で行う祝宴のことですが、現代ではほとんど行われなくなりました。


赤児が育つと間もなく、男の子は「息子」と呼ばれ、女の子は「娘」と呼ばれるようになります。これらの名称の本来の意味は、「息子」は「産《む》す子」であり、「娘」は「産《む》す女《め》」であります。

人は〝むすび〟の神に守られて育つことになります。〝うぶすな〟の霊力により生を享けます。そして生まれた土地の神である「うぶすなの神」に守られて育ちます。

この〝うぶすな〟は〝産土〟をはじめ〝生土〟〝本居〟〝宇夫須那〟〝産須那〟など、さまざまに表記されます。この〝産土神〟のご守護は、その人が生まれた時から一生変わることはありません。生涯を通じての守護神なのです。自分が生まれた土地の神社が祀っている神様が〝産土神〟なのです。

新生児の「初宮詣」は、産土神社に参詣するのが本来のしきたりです。

自分の〝産土神社〟と〝産土神〟を知らない方が多いことも事実であります。ぜひ、自分の守護神である〝産土神〟の慈愛を深く知り、夜も日も守ってくださっていることに対して感謝することが最も重要なことだと思います。

四、みいつ――神威《みいつ》・稜威《みいつ》・威光《みいつ》・霊威《みいつ》――とは何か

〝神威〟とは神様からのメッセージである

暮らしを営むなかで、しばしば「お蔭様で……」「元気にしています」などという言葉を耳にいたします。これは、日本語独特の表現であり、英語に直すと「サンキュー・フォー・ユア・カインド」などとなります。

しかし、日本語の「お蔭様で……」は特定の人への言葉ではなく、もっと沢山の人々、もっと大きなものへの感謝の言葉なのです。

余り英語が得意ではない日本人の青年が、アメリカ滞在中、「すみませんが……」「すみません」を英語で連発したら、「君はどうして謝ってばかりいるんだ」、とアメリカの友人にいわれたそうです。日本語の「すみませんが……」は、「アイ・アム・ソリー」ではありません。「申し訳ないですが」といった、気持ちを含んだ日本語独特の謙虚さや、相手を重んずる配慮があります。しかし、英語にはそのようなニュアンスがないのです。

日本には、長い歴史の中で培われてきた日本民族ならではの数多くの習慣や「しきたり」、そして大和言葉があります。

それを遡ると、日本民族は狩猟民族ではなく、同じところに定住する農耕民族であることに行き着きます。さらにいえば稲作の国であることに理由があると思います。集落ごとに灌漑《かんがい》用水を確保する必要があり、集落同士の協力関係は欠かせないもので、そこには習慣やしきたりを守ることが大切とされたのです。

さらに、日本には四季があり、四方を海に囲まれ無数の河川が山々を貫き、自然に生きる樹木をはじめとして、あらゆる生きとし生けるものがそれぞれの季節にその生命を謳歌する島国です。一方、山々は時として噴火する火山となり、夏から秋にかけてはひんぱんに台風が到来し、冬には大雪で覆われる地方があります。このように大自然の恵みと恐怖の中で、第一章で触れたように、稲作を中心とした農作物のいとなみを得ながら日本人は営々と生活してきたのです。そのようななかで日本人は古くより自然を受け入れ、自然とともに生活し、そして大自然の中に、人智を超えた「自然の摂理」を恐れ、そのような生活をいとなんできました。

このような日本固有の風土の中で、自然と成立し、自然に祈り、育まれ、培われてきたのが日本固有の民族宗教である「神道」です。このように日本人は誰しも、「神道」という特別の意識はなくとも広い意味の日本教といわれるような信仰心を持っています。

日本民族は、大自然への恩恵とともに、時として大自然の脅威を受けながら、それを克服し、大自然と共存し感謝の念を持って生きてきました。それは自然とともに生き、自然に生かされているという気持ちとなり、そのような心を人から人へと伝え、それが人と人とがともに生きるという共生の習慣と相俟って伝えられてきたように思います。

このように日本民族の生きる原点は、悠久の歴史を経ても変わることのない、伝統的な真心のこもった大和言葉が現代に生きているところにあります。その一つが前述した「お蔭様で」という言葉であり、その背景には、このような日本民族のやさしい心の長い歴史があります。

神社では、さまざまな祭礼や祈禱が斎行されています。そのときの祝詞に、しばしば「大神の神威《みいつ》を仰ぎまつりつつ……」といった言葉が唱えられます。この「神威」という言葉は、神さまのみ恵みという意味ですが、そのような言葉を自然と発せられるのは〝お蔭様で〟という心ではないかと思います。

また〝御守護〟という言葉もよくききます。このようにあれこれと考えてみますと、「神威」は「お蔭」を含めたもっと高貴な「神様からのメッセージ」といえるかも知れません。

くり返しになりますが、〝神威〟とは、神々や天皇の高く尊い「み恵み」「御徳」をいただいたことに対し称えた言葉なのです。

また、古語の「イツ」とは、厳めしく、尊く、厳しいはたらきという意味のことであり、そのことを実感するときが〝お蔭〟をいただいたときであるのです。

五、みたまのふゆ―恩頼・神霊・皇霊之威・神祇之恩―とは何か

人は皆〝みたまのふゆ〟によって生かされている

〝初宮詣り〟や〝七五三詣り〟は〝祝儀の祭〟であり、神宮は子供の成長を祝い、幾久しく子供が育ってゆくことを願い、祝詞を奉上します。

七五三の由来は、その昔、周期的に流行した病難を逃れた〝祝いの日〟であり、頭髪を伸ばし始める三歳を「髪置《かみおき》」といい、五歳の男児は「袴着《はかまぎ》」といって初めて袴をはく儀式の日であり、七歳の女児は「帯解《おびとき》」といって初めて帯を付けるようになる日でした。

神社では、この子供の特別の祝いのために祓麻《はらいぬさ》で祓い清め、巫女による〝御鈴の儀〟により神楽鈴を鳴らし、子供に対して〝みたまのふゆ〟をささげます。巫女は神霊を招来して、子供に神霊の神秘的なはたらきや恵みを与えるのです。

〝みたまのふゆ〟とは、神霊の神秘的なはたらきや恵みのことを意味し、そのお加護に感謝することをいいます。

〝みたま〟とは、〝直日霊〟または、人に内在する〝生命力〟を指し、〝ふゆ〟とは〝振る〟ことで、そのことで生命力が増し、活力が湧きでることをいいます。

この〝みたまのふゆ〟という言葉は、日本書紀や古語拾遺に出ている古語ですが、神社では、日常的に、日々の祝詞の中でも、

「尊き〝みたまのふゆ〟を仰ぎ奉り」

と唱えます。

六、いのり――祈り・意宣――とは何か

心からの念願は必ず成就する

私の奉職する神社では、年間の定められた祭儀が主な行事です。ほかに日本全国、さまざまな方々から御祈禱の依頼があります。

その内容は厄祓いや受験合格、良縁成就などの祈願が一般的ですが、なかでも病気平癒

の祈願が最も多いのです。

一例をあげてみたいと思います。中年の女性が突然訪ねてこられました。新幹線に乗って遠方からわざわざこられたのです。娘さんの病気の御祈禱のためでした。

その娘さんは、東京のある会社に勤めている方で、会社に出勤した時、宿直室で意識を失って倒れ、緊急入院しているというのです。病院で原因不明のまま、治療中とのことです。

神社では、祈願依頼を受けると、当日をはじめとして、その後、数週間、場合によっては、数ヶ月、朝夕と御祈禱を続けて御奉仕することがあります。特に、命にかかわる病気や大手術などは必ず長い期間の御祈禱に奉仕します。

この娘さんの場合の御祈禱も、長期間の御祈禱となりました。母親は、遠方から、何と二週間ごとにわざわざ神社に参拝と相談にこられました。

私は、母親の願いに応えるため、ご自宅でも唱えることのできる祝詞と秘伝の〝大神呪〟を伝授しました。

私は神社で朝夕ご祈禱を続け、母親もご自宅で〝祈り〟を続けることになりました。

〝祈り〟とは我が心の奥に向けて思いをこらすことであります。心の深い真の思いに向かって念じることである。「念ずれば花ひらく」といわれるように、深い〝祈り〟は必ず成就するものなのです。

〝祈り〟とは、外側の対象に向かって思いやることではないのです。口から発せられる言葉による音声だけではなく、音声を発する以前にある深い〝願い〟あるいは〝思い〟こそ最も基礎的なものでありその〝祈り〟こそ真の〝祈り〟であるということになります。

母親は、意識が回復しない娘さんの病室の枕元で、秘伝の〝大神呪〟を手を握って二時間唱えている、と語りました。

娘さんは、二ヶ月半という長い間、意識を回復しませんでしたが、ある日、突然「お母さん……」という声を発したそうです。

その後、私の朝夕の御祈禱の祝詞も娘さんにとどいて、後遺症も無く、心のダメージもなく、心身ともに治癒することになりました。数ヶ月かかりましたが、無事退院し、リハビリのための通院という段階になりました。

心からの〝祈り〟は必ず成就します。母親の〝祈り〟は将に「一念凝禱」そのものでした。一心に神への思いを捧げる本心からの〝祈り〟は心の浄化でもあり、神の〝霊威〟を受けることでもあるのです。

つまり、「古神道」の真髄に触れ、行法を身につけた人達の「祈り」は必ず成就するのです。

七、なおひのみたま―直日霊―とは何か

生きとし生ける人間には〝なおひのみたま〟が宿っている

一年に一度、夏が過ぎ、秋晴れの日々が続く頃になると、近くの小学校の三年生が先生に引率されて私の奉仕する神社へやってきます。生活科の授業ということです。最初の一年日には、三十数名ほどでしたが、その後、百名以上の児童たちがやってくるようになり

小学生たちとの交流。楽しい神道講座

ました。

「あの小屋には、何が入っているのですか？」

「あの建物は、小屋とはいわず、『お社《やしろ》』といいます。『お社』の中には神さまが鎮まっているのですよ」と私は答えます。

「神さまは眼に見えないんですか？」

子供たちの質問は新鮮で明快です。

「そうですね。神さまは、眼に見えません。この世の中で、とても大切なものに見ることのできないものが沢山ありますね。皆さんは、空気を吸って生きていますね。しかし空気は、眼に見えません。

それから、皆さんは、人間に心というものがあることを知っていますね。ああしたい、こうしたいと思いますが、これらは心のはたらきによるものです。でも、心は眼に見えませんね。人間にとって大切であればある程、眼に見えないものがあるんです。神さまも大切なんですね。だから、眼に見えないのかも知れません。皆さんの心も神さまも大切なものですが、実は、皆さんの心の中にも神さまが住んでいるんです」

ここまで語ると、子供達は不思議な面持ちになって、それぞれが頭の中で思いをめぐらせます。その中でも「うん、そうか」と納得する顔つきをする子供たちもいるのです。それぞれの人間にそれぞれの神さまがあるというのが、古神道の教えであります。換言すれば、古神道は人間の中核に、神さまの霊光が宿っていると信じてきました。その霊光を、神さまの分霊《わけみたま》といいます。その分霊はそれぞれの人によって清められ、培われることによって〝直日霊《なおひのみたま》〟として自覚されるのです。

神社では、三十余年前から、「鎮魂《みたましずめ》行道」を実施しています。毎月、十数名の行道者が集まり、行法を修得しています。二十代から五十代の人達で、様々な仕事やそれぞれの職業に従事しています。

日本は「言挙げしない国」といわれてきました。その真髄に触れるためには、物ごとを実際に体験し、体感することが必要不可欠といわれています。

まず行道者は、鎮魂《みたましずめ》の行法により、自霊を内観いたします。心を鎮め、鎮魂に至るには、誰でもそれなりの時間がかかります。日常生活のあらゆる出来事、あらゆる思い、心の迷い、心の不安などを超越しない限り、鎮魂に至ることはありません。

そこで、先に触れた〝祓い〟という心の働きが重要となり、その〝祓い〟を経て、初めて自霊の内観に至ることができます。

続いて、その状態からさらに無限の時間の流れに身をゆだねられるようになり、内観をしはじめることになり、やがて〝わが内なる神〟なるものに気づきはじめます。

鎮魂の行法をつづけていると「人間とはこの世の中の自然現象をすべて人間本位に自己中心に見ているのだ」ということに気がつくのです。毎日、樹木たちや昆虫などと接していると、謙虚になり、今まで気づかなかったことに気づきます。

瞑想中、たとえば神社の大木が自分の身体と同化する感覚になることがあります。すると木が自分より硬い物質であるといった概念がなくなり、樹木が自分の身体と同じ柔らかさに思えてきたりします。また、昆虫が瞑想中の背中にとまり、ずっと動かないことがあります。もしかすると昆虫はそのとき、不思議な体験をしているのかもしれません。さらに、行道場の地面には黒い石が敷き詰めてありますが、その黒い石をそのまま手に取って触ると、石に指がぎゅっと入ってしまうのだという感覚になることがあります。

鎮魂の行法を続けると、次第に〝わが内なる神〟との対話がはじまります。その時、己の〝直日霊〟に出会うのです。

古神道では、宇宙創造の神さまといわれる宇宙大元霊から、分け与えられた〝分霊《わけみたま》〟を〝直日霊《なおひのみたま》〟と呼んでいます。

〝たましい〟という言葉は、誰でも知っています。人には身体だけでなく、眼に見えない〝たましい〟というものが宿っています。

その〝たましい〟とは、人の肉体に宿り、また、肉体から離れても存在し、死後も不滅であります。これが広く認められております。

古神道では、この〝たましい〟を「内なる神さま」と自覚することになります。その〝たましい〟が〝直日霊〟なのです。

この〝直日霊〟は、悠久の宇宙を延々と流れる生命の一コマであります。その中心には神さまの霊光が宿っていることを感得できることになります。

八、ふるたま――振魂・ふりたま・魂振り――とは何か

〝なおひのみたま〟を奮いたたせるとともに鎮める行法である

私事で恐縮ですが、私は東京の「神田明神」の氏子として育ちました。つまり「江戸っ子」であります。この神社の正称は「神田神社」ですが、一般的には〝神田明神〟と呼ばれております。

江戸総鎮守 —— 神田明神（神田明神）

神田明神 ——「大己貴命（おおなむちのみこと）」「少彦名命（すくなひこなのみこと）」「平将門命（たいらのまさかどのみこと）」を御祭神とする

小学校は芳林小学校であり、戦前は、湯島の白梅で有名な「湯島天神」から梅林が続いていたものです。そのようなわけで〝芳林〟といわれており、校章も梅の花でした。

学校から〝神田明神〟まではわずかな距離であり、その当時は長い石段を上ると、右手奥に社殿があるだけで、ただ広々とした広場といった境内でした。

印象的であったのは、石段を上り切った右手に、大きな焼けこげたイチョウの大木が黒々と立っていることでした。それは生命のカタマリのような気がいたしました。だから私はその前に立って、つくづくとながめたものです。イチョウの木は焼夷弾が落ちて焼けてしまいましたが、社殿はどこも損傷が無かったのです。それだけでも不思議であり、すばらしい神社でした。しかし後年、さらにこのイチョウの木も不死鳥のようにひこばえが芽生え、もとの親木のように天に向かって育っているのを見たとき、感動で胸がさける思いでした。

このように私にとっては、とても身近で、いつでも〝お詣り〟のできる〝明神さま〟でした。

社殿は、権現造りの鉄骨鉄筋コンクリートであり、そのことで大空襲にも耐えて存続できたのだと思います。

◀神田明神「イチョウの木」
── 東京大空襲のあと「ひこばえ」として育った

▶東京大空襲により焼失したイチョウの親木

「神田明神」は、東京の都心である神田、日本橋、秋葉原、大手町の氏神さまで、創建は天平二年（七三〇）といわれております。したがって江戸の神社で最も古い神社のひとつということになります。

慶長八年（一六〇三）、徳川家康公が、江戸城を拡張する際、社地を江戸城から現在の地へ遷され、それ以後、神田明神は「江戸の総鎮社」として人々の崇敬を受けることになりました。


神田祭は、江戸を代表する壮観な祭りで、天下祭と呼ばれ、江戸三大祭の一つとして有名です。

現在の「神田祭」は、神田、日本橋をはじめ秋葉原、大手町へと巡行する大祭礼行列である「神幸祭」が五月に始まります。その時、各町内の神輿二〇〇基が出御し、最後には、神社へ宮入する「神輿宮入」が賑やかに行われています。

私は小学生の頃から、神田祭では、必ず神輿を担いでいました。子供用の神輿があって、山車とともに町を担ぎまわったものです。

町名を書いたハンテンを着て、鼻の頭に白粉をぬり、化粧をして、神輿を担ぐことだけ

「神田祭」にて神輿をかつぐ筆者（昭和30年代）

でも、晴れやかな気持ちになりました。

成人しても、町の仲間たちと神輿を担ぐことは私にとって当然のことでありました。

神輿には、ある独特の担ぎ方があります。子供の頃から、それに慣れ親しんできた私たちは神輿を担ぐことを通して気を一つにできました。神輿を担いでいる時、神輿との一体感、担ぎ手との一体感に、至福の喜びを実感し、得もいわれぬ喜悦を感じたものです。

神霊は上下に揺すられ、その振動の一瞬、わずかに左右に揺すられる時、神輿の天上の鳳凰がカサカサ、カサカサと鳴ります。

重量感のある神輿から降りてくる波動を身に受ける瞬間があり、その波動こそ「神威」と思われるのです。この神輿を集団で担ぐ行為は、将に集団の〝ふるたま〟ではないでしょうか。

「鎮魂行法」では、振魂は、息長の法（呼吸法）と並んで重要な行法の一つです。

振魂は、印（八握剣）を結び、全身を上下に振るわせる行法です。胡坐を掻いて行う場合も、立って行う場合もあります。いずれにせよ全身を心ゆくまで振動させることが重要となります。

振動が極致までゆくと、自分の力ではなく、別の力が加わってくることがわかります。天から降下してくる波動による振動です。振魂が終わった瞬間には、身体からはすべての力が脱落します。

その一瞬〝神威〟を全身で受けることができるのです。振魂とは、静止沈滞している直日魂を振るいつけ、活性化させることであり、これを「みたまふり」ともいっています。

また、遊離している直日魂を振り動かして、その直日魂を鎮めることを「みたましづめ」といっています。

その神霊と己との没入感の極みに「神人一如」の〝妙《みょう》〟なるものを体験するのです。

このような没我の妙《みょう》なる一体感の時に〝中今〟という時間が流れます。

人は、誰でも永遠の未来へと橋渡しをしている〝中今〟の存在であります。これが神道の生命観だと思います。

九、なかいま―中今―とは何か

人は生命の〝永遠の橋渡し〟をしている存在である

自分の生命は、先祖代々から継承されてきたといえます。生命は「弥《いや》継《つ》ぎ継《つ》ぎ」と子孫へと伝えるべきというのが神道の生命観です。それは〝久遠の過去〟からのあらゆる伝承が、現在の生命の中にあり、さらには未来もまた現在の生命の中に息づいているということになります。

一己の生命という存在は、膨大な歴史的時間を受けて、永遠の未来へと橋渡しをしている存在なのです。

〝久遠の過去〟とは、消え去った時間ではなく、現在時間の〝今〟に活き活きとして存在し、同時に〝永遠の未来〟は現在時間に息づいているとする〝今〟である現在時間を〝中今〟と呼んでいます。

つまり「中今」とは、神さまが所有される永遠の時間に合一させる心の在り方、永遠の生命を獲得できる心の在り方を成立させる理念なのです。

生命は三十六億年の歴史を持つといわれており、その歴史をたどってくると、今の私の生命にたどりつくことができます。

ある著名な生命科学者は「私たちの命は大きな宇宙の中の一つの点みたいなものですから。（中略）宇宙全体を一つの布みたいに、私は感じているんですけど、その中の一本の糸。――宇宙からいただいた命はきちっと宇宙にお返ししなくちゃいけないものだと思っています」と、語っています。

一人の人間の存在は、この悠久の宇宙を延々と流れる生命の一コマであるが、〝中今〟という観念の重要なことは、凝縮された今を一生懸命に生きることであります。

生活に於ける時間としての永遠は、鎮魂に於ける時間の永遠性に触れると顕幽の境が無くなり、ここに生命の永遠が確立されるのです。

この世における時間の永遠は、その一部にすぎず、それを超えた〝人生の永遠〟が成立するのです。

十、みたましずめ――鎮魂――とは何か

鎮魂により〝よみがえり〟の道が開かれる

「鎮魂行道」では、祝詞を唱え〝祓い〟としての振魂や調息をしながら瞑想するなかで、「鎮魂」への道を体験していきます。

「鎮魂行道」の道場では、今まで数百人の行道者が、修法を実践しています。多くの行道者が長期にわたって、毎月、行道場にやってきます。開設以来、現在まで、ずっと修法を続けている行道者も少なくありません。

「鎮魂行道」は長い道程であり、この「鎮魂行道」を重ねていくことは、己れの人生を再創造することなのです。

全く新しい、もう一つの人生に向かって新しい人生を開いていくことなのです。

「鎮魂」を深め、自分自身を内省し、己れの〝直日霊〟に触れてくることが重要であります。そうすることにより、知らず知らずの内に、神さまへの感謝奉《いやびまつ》る心が芽ばえてきます。自分が、大きな偉大な霊力によって生かされているという実感や、遠い遙かな先祖たちとの〝直日霊〟によるつながり、継承というものが自覚されてきます。

瞑想中の行道者の背後から背中を見ると、その背中が嬉しさに満ち溢れていることがあります。感謝の心が溢れている証しなのです。

「鎮魂」の本質を知り、目の前のことに捕らわれずに、己れの人生を問いかけていくという態度で続けていくと、身近のあらゆることが変化していき、新しい人生が見えてきます。そして、充実した鎮魂の時間を体験することにより、自ずと心が開かれるようになり、人間関係が、自然に円滑になっていきます。

体内に〝直日霊〟が鎮まってくると、晴明で、透明で、無限の叡智に充ちた、無限のエネルギーを受けることができるようになり、体内に新たなるパワーが漲るようになります。するど、自ずと、常に内面から新しい理念や、智恵が涌き出てくるようになり、自分自身をはじめ、他の人々をも、豊かで充実した人生へと導いていけるようになるのです。

それは「鎮魂」という行法を続けることによって、〝直日霊〟を練り鍛えながら、高貴な神霊の〝神威《みいつ》〟に触れて、新たなる生命力を身に得ているからなのです。

十一、うけひ――誓約・宇気比・誓――とは何か

〝うけひ〟とは〝神意〟をうけつぐための〝祈り〟である

朝、起床すると必ず禊をして、心身を清めます。禊場は、神社の建物の外にあり、木の囲いがあるだけで屋根はありません。

天をあおぐと、青い空と樹木の縁が眼にはいります。頭から水をかぶり「禊祓詞」をとなえます。

この祝詞を唱えはじめると、必ず木の囲いの上から風が吹いてきます。毎朝、決まって清々しい風が降りてくるのです。

季節によって、太陽の光が頭上からさしかかる時、身体の胸から下半身にかけて虹がかかることがあります。〝至福の時〟という思いがよぎります。

禊ぎをおえると、続いて朝の〝お日供《にく》〟をはじめます。神々への神饌を献上するのです。毎朝、全国のどこの神社でも、必ず御神前に〝お日供〟を奉献し、夕方には、お下げします。

毎朝、毎夕行うことなので一般には〝お日供〟と書き〝おにく〟と呼びます。

〝お日供〟は、水と塩と米と清酒を供えることになっていて、お米は必ず水で洗った〝洗《せん》米《まい》〟とします。水と塩と米は、人類、特に日本人が生きていく上で必要不可欠の食料です。お酒をそなえていることは、お下げしたお酒を〝神人共食〟という〝直会〟にていただくためであります。

私は、神社に奉仕して以来、この〝お日供〟を朝夕、一日もかかさず行っています。これは当然のことであり、神職としての基礎的な〝お勤め〟なのです。

御神殿は、外宮と内宮で三ケ所あります。その三ケ所の御神前に〝お日供〟を献饌し、祝詞を奏上します。そして夕方にも祝詞を奏上し、撤饌をいたします。

毎日、同じことをくりかえします。必ず毎日とり行うことです。毎日同じことをくりかえすことをつづけると、それが最も大切であることに気づきはじめます。

毎日、同じことをくりかえしつづけていると、そのことの深遠に、その意義に触れるようになるのです。

単純でシンプルであればあるほど、その行為はとほうもない巨大な大きな大宇宙の〝ことはり〟といったものに触れるのを感じるようになるのです。神霊との一体感が生まれるのです。

一日もかかさずくりかえし行われる〝お日供〟は、神社の祭礼や、大祭などにおけるたくさんの祭事に比べると、ささいなことであたり前のことですがこの日常の〝神様ごと〟にこそ神との〝うけひ〟が息づいているように思えるのです。

〝うけひ〟といっても〝誓い〟ということではなく、大きな意志による〝ことはり〟にしたがうといった感覚なのです。

そして、その〝ことはり〟からのがれられないという感覚もあるのです。

自ら誓うのではなく、誓いにしたがうといったらよいのでしょうか。

それは厳しく峻厳なことでもあるのです。一日たりとも休むことは許されないことなのです。

神意をうかがうための一種の占いを〝うけひ〟といっております。〝心清き心ありと以《お》為《ぼ》せ〟といわれるように、神さまに懇請する一種の祈りに近いものともいわれています。その起源は天照大神と素戔嗚尊の「うけい」であります。この言葉の原義は、多岐にわたる解釈があり、難解な古代語の一つといわれています。

私見ですが、〝うけひ〟は、単なる儀礼的な祈り、神さまに対する願意だけではなく、祈りを超えた鎮魂による神霊との一体化のあり方のことではないかと思います。それは、神霊にとらわれた上での祈りとも言い得るもので、神意と一体化して行動するということなのです。

人は生きていく上で、各自が知らず知らずのうちに〝うけひ〟に触れております。〝うけひ〟とは、神さまにすべてをおまかせするということだからです。

また〝うけひ〟には、大きな霊力にしたがう心という意味があります。

〝自我〟を超えると〝真我〟に至ります。その〝自我〟を超えるためには、人智を超えた偉大なもの、換言すれば神秘的なものに出会う必要があります。

〝自我〟にとらわれなくなると、おのずと大きな感謝の念に支えられはじめるのです。自分が〝生かされている〟ということに気づくのです。

十二、まつり――祭り・祀り――とは何か

〝祭り〟の真意は〝神迎え〟にある

東日本大震災は、あまりに厳しい巨大な災害でした。その日、その時、私は日本列島に大きなキレツが走り、列島が割れるのではないか、西日本と東日本とが二つに折れて日本海に沈むのではないか、と思ったほどでした。

震源から遠くにいたのにもかかわらず、その衝撃の凄まじさに驚愕したものです。ましてや、震源地に居た人々のその衝撃はいかばかりであったろうかと思いました。

その衝撃の後に襲ってきた、それを上まわる巨大な津波の恐怖。

そして福島原発の爆発。

歌手は、今まで通りに普通に歌を歌っていてはいけないのではないか。

野球選手は、野球をやっていてはいけないのではないか。

大学教授は、当たり前に授業をやっていてはいけないのではないか。

日本人であるなら、今まで通り普通に生きていてはいけないのではないか。

日本中の人々が、皆自分が普通に存在していることが罪なのではないかとも思ったものでした。

あらゆる生活、あらゆる生き様、あらゆる信念、あらゆる思想等々が問い直されている感じがしたものでした。

日本国民、日本全土、日本の未来といったものが見えなくなってしまったという思いにかられたものでした。


各神社では、大災害が恙なく鎮まるようにとの祈りが日々ささげられました。

日本の国土、日本人の生活、日本民族の精神を守り、宇宙大元霊をはじめ、あらゆる神々、そして山蔭神道の霊団に国土の安泰と日本人の生命の安寧が祈りあげられました。

そして刻々と変わる災害の状況、〝つなみ〟による被害の続出、原発事故の衝撃的な進行に対して、朝夕の祈りの祝詞も、具体的で切実な災害回避と復興への願いが加わっていきました。

ズタズタに引き裂かれた東日本に住む人々の生活や家族、家々や田畑、生活の拠り所のすべてが少しでも早く復興する事を願うものでした。

少しずつ復興の兆しが見えはじめた頃、新聞やテレビで人々が悲惨な状況から脱出し、少しでも果敢に未来に向かって生きようとしている様々な試みや、再生の姿が報道されるようになりました。

その中でも心に焼きついたのは、ある被災地の村の〝祭り〟です。田圃の畦道を一台の山車と村人たちが、囃子の音とともに行列を組んで歩んでゆく風景でした。

災害にあった村落を〝祭り〟の山車が運ばれてゆく風景は、言葉にはいい表せないほどの、とても感動的なものでした。

その時、私は、〝日本は滅びない〟〝日本は必ず復興する〟と思ったのでした。

大変、大袈裟なのですが、その時、ほんとうに実感としてそう思ったのです。

〝祭り〟があるかぎり日本は滅びないと……。

新型コロナウイルスの感染拡大は、世界を巻きこんだ人類の存在を問いかける様な災害です。

コロナ禍が収まりの兆しを見せはじめたころ、多大な課題が残されましたが東北の三大祭や各地の祭りが久しぶりに復活しはじめると、再び日本の普遍の魂がもどってきたという感動にうたれ、ホッとした気持ちになりました。

〝祭り〟とは、古来〝神迎え〟の儀式といわれています。だからこそ、そこにはいい知れぬ感動や、心からの喜びがあるのかも知れません。

〝祭り〟は常に笛、鉦、太鼓を打ち、また、踊りも加わることがある大変賑わしく晴れやかなものです。

でも一方そこには〝神迎え〟をするために神を〝まつ〟という意味があり、ひたすら神を〝待つ〟ために忌み慎みの生活、物忌潔斎をして祭にそなえたものといわれます。

伊勢神宮をはじめとする全国の神社では〝祭り〟にそなえて斎舘《いみやかた》に籠り、物忌みの生活にはいります。

私の奉職する神社では、日常的に物忌みの食事を習慣として、また毎日の禊ぎとしての潔斎を怠りません。

〝祭り〟に際して、神を崇め奉るためには、神官が清明さを保ちつづけなくてはならないという考えからです。


また〝祭り〟こそ「神まつりごと」といわれるように神道の根幹であり、古代より、そのつながりとして神々とともに食事をするのが〝まつりごと〟でした。それを今でも〝神人共食〟といっています。

それは祭礼の後に、どんな神社でも必ず〝なおらえ〟として今も大切な神事の一部としてつづけられています。

十三、なおらへ・なおらえ―直会―とは何か

〝なおらえ〟とは神と一体となる証しである

日本の四季は美しく、春、夏、秋と全国で神社を中心として祭りがとり行われています。式が終わったあとで、直会が行われます。直会は神さまにお供えしたものをいただいてきて、参列者が一堂に会していただく儀礼でありますので、一見して宴会のようにみられますが、そうではなく、とても重要な祭祀の一部といえます。具体的には神さまへお供えした御神酒や御神饌を下ろしてきて、あらためて正座して、これをいただくのであります。これには神さまより与えられた〝福《さいわい》〟をいただく意味があります。つまり〝神人一如〟になるための重要な儀式なのです。

神社では、昇殿参拝（正式参拝）をすると、神職によるお祓いがあり、その後で、参拝者一人ひとりが、巫女さんより〝かわらけ〟に御神酒がそそがれ、それをいただきます。この個人の参拝のあとの御神酒をいただく行為も〝神人一如〟となる〝直会〟なのであり

ます。「直会」の「なおる」とは「改めて」という意味で、身も心も改めなおして緊張した状態になることなのです。

〝神人一如〟とは、お祭りによる神饌をいただくことにより、神人共食として神の〝霊威〟をいただくことなのです。それは、〝食〟という人間にとって最も身近で大切な不可欠な事柄により、神なるものと一体となるということです。

古くは〝朝食〟を〝アサゲ〟といい、〝夕食〟を〝ユウゲ〟といいます。〝食〟を〝ケ〟といいます。〝ケ〟とは生命なるもの、霊的な力の内在するものを指しました。

神社では毎日御神前に食物を献饌（お供え）し夕方撤饌（お下げ）しますが、その〝ケ〟の入った食物を〝御饌《みけ》〟と呼んでいます。

伊勢神宮の外宮は豊受大神宮といい、そこには内宮の天照大御神《あまてらすおおみかみ》の食を司る〝豊受大御神《とようけおおみかみ》〟を祀っています。〝豊受大御神〟の神名である「トヨウケ」とは「豊かなウケ」という意味で、「ウケ」は「ケ」ともいい、その意味は「食物」のことです。また「ケ」は古来「キ」と同根とも考えられます。「キ」「ケ」は日本人の生命感における最も重要な概念の一つです。

それは人間の活動力の源泉であり、生まれながらそなわっている生命力のことです。日本人は空にも気があるということで、これを「空気」といっております。また、気の元という意味で「元気」という言葉が成立しました。

さらに「気」には「神気」「霊気」など、無数の「気《キ》」がつく言葉があります。これらの「気」は、いずれも人間の生命がかかわっているといえます。

以上のことから、「キ」には生命力の活路である「食」の「ケ」と関係の深い語であることがわかります。

そこに「神の気《き》」をいただく「食《ケ》」というのが「神人共食」といわれる直会の由縁でもあるのです。

さらに「気」という語に注目すると、「天気」をはじめ、「勇気」「活気」「本気」「勝気」「根気」「精気」「陽気」「運気」などと、いずれも活力を意味することがわかります。

この活力のある、生命力のあふれる「キ」と「ケ」が同根であること、それゆえ「ケ」が衰退した状態を「気枯《ケガ》れ」というようになり、それが「汚れ（穢れ）」につながったとの説もあります。

神道でいう「汚れ」とは、生命力の無い、活力の無い状態、それらが否定される状態を「汚れ」というのです。ものの「よごれ」のことではないのです。これは、祓いと禊《みそぎ》の行を繰り返し、実修した者には実感として感じるものです。

また「汚れ」は波動の一種といわれ、私たちの生活の中で生ずる不平の気持ちや、怒り・怨みの念など、また悪い情念などが「汚れ」を発するわけで、それらは家の部屋の壁や柱、家具などに付着して、いつまでも残るといわれています。

家の中に飾られる生花、観葉植物なども汚れの波動を吸収するので、神社の部屋の生花は、何ヶ月も生き生きとしています。

神社での「祓い」は、「厄祓い」や「車祓い」が一般的です。ほかに大切な「祓い」として「家祓い」があります。これは一般的でなく、家を新築したり、中古住宅を購入した場合、あるいは築後数十年を経た家などが「家祓い」の対象となります。

一軒の家には人が生活した足跡があり、いろいろな思いや見えない念というものが残っております。

家の清祓は思いがけない新しい事柄が起こったり、良いことがはじまったりします。今まで私は一般の家屋をはじめ、病院、保育園、老人ホーム、一般の会社事務所などのお祓いをいたしましたが、それぞれに具体的な結果がみられたものです。

第三章　古神道の瞑想行法

古神道の真髄についていろいろと述べてきましたが、最後に瞑想行法について具体的に説明してみたいと思います。

私の奉仕する神社では三十数年間、下記のような「行道次第」を、ただ一途にとり行ってきました。

この一つの行法を徹底的にくり返すのであります。そのことにより、その行法が深まり、自己のものとすることができるからです。ここにも、くり返しの重要性があるのです。

行道の要点は、祝詞と呼吸法（調息）と瞑想であります。そして三大神法という大神呪〝アジマリカム〟であり、さらに〝五大母音〟と〝五天合掌〟、そして前に述べた〝振魂〟などから構成されています。

全体の行法を執り行うには、二時間前後の時間を要します。その間に二回の瞑想があり、すべての行法は、この二回の瞑想に収斂するようになっています。

一、瞑想行法の次第

一、二礼二拍手一礼
一、禊祓詞奏上
一、万霊供養奏上
一、護身法（九字護身法）
一、大祓詞奏上
一、行道願文
　　自霊増長祈願祝詞
一、振魂
一、呼吸法
一、五大母音

一、五天合掌
一、瞑想
一、五重秘文奉唱
一、呼吸法
一、大神呪「アジマリカム」
一、五天合掌
一、瞑想
一、二礼二拍手一礼

二、瞑想行法の内容と作法の解説

禊ぎ

「瞑想行道」に入る前には、行道者は必ず「禊《みそ》ぎ」をします。

古神道における〝禊ぎ〟の意義については先に述べた通りであり、それ故に行道者は〝禊ぎ〟をしないで御神前の行道場に入ることは許されません。

神社に修行に来ている行道者達は、当たり前のように自ら禊場に行き、〝禊ぎ〟をしてから白衣に着替えます。

〝禊ぎ〟は作法がありますが、簡単な作法と共に、首筋から背に水を浴びながら「禊《みそぎ》祓詞《はらえのことば》」の祝詞《のりと》を奏上し終わるまで続けます。

私自身、この禊場で先に触れた様に毎朝怠ることなく〝禊ぎ〟をしている訳ですが、水を背にして「禊祓詞」の祝詞を奏上していると、囲まれた板塀の上空から必ず風が吹いてくるのです。

それは不思議な気持ちを感じるというより、いつしか当たり前のありがたい現象になりました。

また、ある特定の季節になると、〝禊ぎ〟をしている身体に、丁度朝の太陽の光が当たるようになります。さらに何とも快い気分になりますが、もっと心躍るようなことが起こったりします。

何と、自分の身体の腕の下、背中にかかった水しぶきによって小さな虹がでるのです。この瞬間、いうにいわれぬ感動があり、とても尊い体験をしている気持ちにとらわれるのです。

瞬、自分の身体が不可思議な巨大な造形物のようになった気分にもなるのです。

私の修行時代、瞑想行道の最中、私には自分の身体が巨大化してゆくという感覚があり、ふと、その体験を思い出したりします。

自分が神前に正座しながら、自分の身体が次第に大仏のように大きくなり、さらに巨大化し、自分の眼下に雲が見え、そのすき間から青い海面が見えるのです。

それは幽体離脱の現象だったかも知れません。

〝禊ぎ〟をしながら、眼下に虹を見るとその体験を思いだしたりします。

禊祓詞

〝禊ぎ〟が終わると、神前の拝殿にて「瞑想行道」が始まります。

ここでも最初に再び「禊祓詞」を奏上します。

七柱の祓戸大神により、この行道の場と行道者を祓い浄め、清明の場としての「斎庭《ゆにわ》」とするのです。

「禊祓詞」は、海神たる祓戸大神の稜威《みいつ》を称える言葉であり、祓戸大神の稜威により罪科汚が祓われるといわれています。

「禊祓詞」の祝詞は、日本の全国の神社で朝夕奏上されています。おそらく一般家庭の神棚のある家でも、常日頃この祝詞を奏上する家は多いと思います。

大祓詞　万霊供養　自霊増長祈願祝詞

「瞑想行道」に入る際には、更に「大祓詞」の祝詞と共に「万霊供養」及び「自霊増長祈願祝詞」を唱えます。この「万霊供養」と「自霊増長祝詞」は、〃山蔭古神道〃独自の祝詞で、「瞑想行道」には欠かせない祝詞となっています。

「万霊供養」の「万霊」とは「よろずのみたま」という意味で、名も無きよろずの〈みたま〉を祓うことで、行道者が万霊に感応しないようにと配慮する祝詞です。

「自霊増長祝詞」とは、そもそも「自霊拝」を伝承するために〃山蔭古神道〃で創出された祝詞です。

「自霊拝」とは、原名を「玄霊祀《げんれいひ》」といい、天皇の名代として神事を執り行ってきた白川神祇伯王家の伝承事項といわれ、天皇が常御殿で行う「御鏡御拝の儀」にそのルーツを見るといわれています。

それ故、その思想を受け継いだ「自霊拝」を解説した形になっている「自霊増長祈願祝詞」は、神道の根本思想を平易に表した祝詞といえるかも知れません。

以上の祝詞を奏上した上で、「振魂《ふるたま》」「呼吸法」を経て、三大神法といわれる行法を執り行います。

順次、三大神法を解説します。

大神呪〝アジマリカム〟

大神呪〝アジマリカム〟は、古神道に伝わる秘伝の神呪であり、宇宙のはじまる時に、創造主（神）から授かった浄化のコトバなのです。

この〝アジマリカム〟を唱えると、発した声は渦巻きとなって振動、共鳴し、人間世界を浄化し、さらに宇宙全体をも浄化すると伝えられています。そこには、様々な霊験というものがあり、古神道では常に様々な霊を祭り、浄化する時、また種々の祈禱を執り行う際に、このアジマリカムの神呪を唱えます。

この聖なる神呪は、あらゆる邪念や、不運なるものから人を守護し、幸福をもたらすものであり、それは天地初元の時から存在した〝言霊〟であるといわれています。私の奉仕する神社では、毎月「瞑想行道会」を実施していますが、その行法の中でいろいろな祝詞とともに、この〝大神呪アジマリカム〟を唱えています。

行道者たちの〝アジマリカム〟は、周囲の樹木と共鳴し、青い空の彼方に舞い昇っていきます。

また、樹木たちの呼応と相俟って予期せぬ事が起こったりします。〝アジマリカム〟の合唱がはじまると、目の前の社と行道者の座るわずかの空間を、ひよどりの群れが大きな声で囀りながら真一文字に横切っていくのです。〝アジマリカム〟の声の海に触発されて興奮している様子が手にとるようにわかります。

そしてまた、真夏の時期に〝アジマリカム〟がはじまると、周辺の樹木、特に行道場の近い樹木に、次々とミンミンゼミが群がって鳴きはじめます。〝アジマリカム〟の声とミンミンゼミの声は一つにとけ合っているように思います。

鳥、セミ、生きとし生けるものにこの不思議な〝アジマリカム〟の神秘は浸透していきます。これは〝言霊〟のもつ霊妙にして神秘な霊力の発現だと思うのです。

「行道場」この神社は瞑想をするには最も適した空間とされている

「行道場」瞑想前、天地の五気に共鳴する「五大母音」を唱えた後、〝五天合掌〟に入る

ゆっくりと〝五天合掌〟をしながら、瞑想へと入っていく

呼吸法（息長の法）

「瞑想行法」の呼吸法は「息長《おきなが》の法」と呼ばれます。その方法は鼻から軽く息を吸い、口からゆっくり、そして細く長く息を吐き出すことが原則となります。

つまり、万物を生かすエネルギーを深く長く吸いこみ、吐く時は心身のすべての邪気を息とともに吐き出し、心身のすみずみを浄霊浄化するのです。

普通の深呼吸というと吸いこむことに重点がおかれますが、古神道の呼吸法は吐き出すことに重点がおかれます。神経を集中しゆっくりと息を細めて吐き切るのです。その時さらに大切なのは、吐き切る行為をしながら、心の内奥がひそかに鎮まっていくという意識を持つことなのです。

五大母音　五天合掌

〝五大母音〟とは太古の行法のひとつであります。言霊《ことだま》の基本である「アイウエオ」を

「アオウエイー」の順で唱えることなのです。

五つの母音のバイブレーションが身体の五官、すなわち眼、耳、鼻、舌、身（皮膚）を刺激して、天地の五気に共鳴して心身を浄化することなのです。

行法では、この〝五大母音〟を三回唱えます。それがおわると、天地和合の象《しょう》と言われる〝五天合掌〟へとつなげます。

これは、天に向かって両手を左右にひろげ、その両手は天を目指して頭上にかざします。次いで印を結んで両手をゆっくりと胸を通過させ、両手の印は丹田までおろし、やがて瞑想に入ってゆくのです。

〝五大母音〟を経て〝五天合掌〟に至ると、宇宙の気（神気）に触れるようになり、心身の生命エネルギーが活性化し、深い光明世界へと導かれ、〝鎮魂帰神〟に至ることになるのです。


古神道の「瞑想行法」の究極は、鎮魂帰神にあるのです。

この「瞑想行道」会を開設してから三十数年経ちますが、開設当時、及びその間に修行

「行道場」〝五天合掌〟により宇宙の気を受けながら瞑想に入る

を始めた行道者達が、現在も行道を続けています。

瞑想行道は一定期間だけやり遂げれば良い、ということではありません。一人の人間が人生を歩んで行きながら、その人の人生観、生き方、生き甲斐というものに関わることだからです。

行道そのものが、己が人生の一部となることにより、それまでの日常の人間関係や人生観や様々な思いというものを超えた、新しい己の人生の姿が見えてくるのです。

古神道には「みこともち」という教えがありますが、自分自身の「みこともち」に気付き始めることがあります。

「みこともち」とは、創造神により現生での生命を授けられ、直日霊を頂いて生まれ出るときに、それぞれの魂がこの世でやり遂げるべき役目、使命、仕事、学ぶべきことなど、すべての魂がこの世で果たすべきことをいいます。

そもそも「みこともち」とは、特定の人間だけに与えられたものではなく、生きとし生けるすべての人間に、生まれながらにして与えられたものです。あらゆる人間に個性というものがあり、それぞれに固有の人生があり、自分の人生を他の人がとって代わって歩むことはできません。

行道場の開設以来、「瞑想行道」を、1000座つづけている行者もいる

「みこともち」の「ミコト」には、「神の言葉を伝える役目の人」という意味があり、「みこともち」とは、一人の人間が「神から授かった使命を生きる」という意味になるのです。

そこで「みこともち」に目覚めた人は、日々の生活における解決すべき事、新しくチャレンジすべきこと、様々の生き様をやり遂げていく過程で、自己の真性というものが、磨かれて、そこに「自己の魂」に支えられている己れの姿を見るのです。

古神道ではその魂を〝真我〟と呼び、それはさらに〝直日霊〟の輝きにつながっているとするのです。

「鎮魂」により、人は己が内奥の、内なる神と云われる直日霊が輝き、その輝きが始まると神霊と感応し、神霊の光を全身に受けることになるのです。
それを「鎮魂帰神」というのです。

第四章　古神道における年中行事

一、古神道による〝大祓祭〟及び〝祖霊祭〟と一般〝祈禱〟

日本の神社における年中行事は、実にさまざまであり、これを総称して祭事と呼んでいますが、平たくいえば、お祭・祭礼・祭典・であり、これらは神殿の奥深く、詳しく言えば幣殿《へいでん》で厳粛に行われています。神職の方はただひたすら神にお仕えするのであり、これを神明奉仕といっております。参列者が有ろうが無かろうが、そんなことは問題ではなく、神職はただ粛々と神祭りをするのです。

社殿内での祭祀は、古くから継承してきた一定の祭式に基づいて行われており、一般に公開されていないものも多くあります。このような祭祀を神社祭式といっております。また、社殿外でも祭事が行われます。それらも祭祀または祭典といいます。また祭事、神事などさまざまな呼称があります。

拝殿《はいでん》に上がって参拝することを正式参拝《せいしきさんぱい》といいます。そのためには社務所で正式参拝を行いたい旨を告げる必要があります。これは拝殿で神職による修祓《しゅうばつ》、祝詞奏上《のりとそうじょう》があり、次いで神前に玉串《たまぐし》を捧げて拝礼するという特別の参拝となります。

また、日供祭といって、毎朝・毎夕執り行う祭祀があり、さらに日本の国を支える公の記念日、すなわち国民の祝日なども神社で祭典が行われます。そのほか主祭神とかかわりの深い例祭、毎月朔日と十五日の月次祭《つきなみさい》も斎行されています。

この第四章では、多くの神社の祭典・祭祀のなかから、とりわけ古神道の要素を濃厚に伝える「大祓祭」に注目して解説したいと思います。また先祖祭としての「祖霊祭」、さらに古神道ならではの「祈禱」について言及してみたいと考えています。

二、大祓祭

「大祓祭」は「大祓式」、あるいは「大祓神事」、また単に「大祓」ともいい、全国の神社で毎年六月と十二月の晦日《みそか》に執り行われております。半年間の人々の罪科、汚れを祓え清

「茅の輪くぐり」のための巨大な茅の輪

める儀式として、古代から現代に至るまで続いてきたのです。

その歴史は古く、『古事記』仲哀天皇の段に「国の大祓《おほはらへ》」と記されているのが、最も古い記録といわれますが、確かな史料では『日本書紀』天武天皇五年（六七六）八月のところに、「全国の国造や郡司から馬・布・麻などの祓物を出させて「大解除《おおはらえ》」を執り行った」という記述がみえることが注目されます。その頃は国家の重要な祭祀の前や、疫病や災害など凶事の後に行われていました。その後、大宝律令の制定後、毎年六月と十二月の晦日《みそか》に斎行されるようになり、現在も春の祈年祭、秋の神嘗祭《かんなめさい》とともに重要な儀式の一つとなっております。

ことに六月の「夏越《なごし》の大祓祭」は、疫病を和

「茅の輪くぐり」の後、紙人型をお焚き上げするために、祈りをささげる

ませて災厄を鎮める祭儀で、「夏越《なこし》」は「和《なご》し」と解され、さらに「茅の輪くぐり」という独特の儀式があります。

茅の輪を神前に設置して、これを三回くぐることにより、半年間の汚れや疫病や災厄が祓われるとされるのです。

コロナ禍では特に意義のある祭事であり、私の神社では自粛をしながらも粛々と執り行いました。

茅の輪は茅《ちがや》という草を活用してつくりますが、茅は古来、榊とともに祓い清める力があるとされ、また根茎は漢方薬として役立つとされています。私の神社では数人の神官により、毎年、近隣の河川敷まで行き茅を採集します。

古神道の大祓祭は、浄火により参列者の「型代」をお焚き上げする

毎年、新鮮な緑が光る直径三メートルほどの巨大な茅の輪が完成します。

近年、都会の神社では、この自然の恩恵を受けた茅の輪をつくることができず、前年度の茅の輪を使用したり、人工的なビニール製のものを使わざるを得ない神社があると聞いています。大変残念なことです。それでは本来の意味が損なわれます。

「夏越の大祓祭」は、この「茅の輪くぐり」とともに、紙人型に参拝者自身とそれぞれの家族の名前を書いたものに罪科、汚れを移して、それを祓い清めます。

当神社では「茅の輪くぐり」の直後、数人の神官により、それぞれの紙人型を祓い清めたあと、神前に用意した浄木を燃やしながら紙人型を「お焚き上げ」します。

瞬時に眼前にて参列者とその家族たちの御霊《みたま》が浄霊浄化されるのです。六十四本の檜の浄木を組んで浄火により人々の紙人型を祓い清めることは「古神道」ならではの祭事です。

この「夏越の大祓祭」には全国の家族の皆様、東北や沖縄の家族の方々からも申し込みがあります。

三、祖霊祭

一般的には「祖霊祭」としての先祖祭りや、先祖供養といった事柄は、仏教の寺院で執り行われるというのが通例、習慣になっています。それは日本という国に仏教が渡来して以降、「神仏習合」の時代を経ながら、葬儀が仏事として執り行われる習慣が定着したからです。

神道にも「神葬祭」という神事があることは一般的には知られていません。その「神葬祭」は現在では、ごく限られた神道系の家庭でのみ執り行われているだけです。しかし、そもそも仏教が渡来以前の古代の日本社会では、神道による先祖への祭礼祈禱が一般的でした。

神道の歴史にも紆余曲折《うよきょくせつ》があり、先に触れた「神仏習合」を経て「本地垂迹説《ほんちすいじゃくせつ》」という時代があり、仏教の影響が日本の中世、そして近代においても色濃くありました。「古神道」には、それらの影響を除く従来の神道のしきたりや教義や祭礼などが残っています。

ここで紹介する「祖霊祭」もそのひとつです。

日本民族の古来からの民族意識や習慣には、先祖や祖霊に対して特別の信仰がありました。日本の民俗信仰では、亡くなった霊はしばらく山野にとどまり、子孫を見守り、その供養を受けるが、次第に浄化されて村の近くの霊山へとおもむき、祖霊として鎮まるとされました。さらに、祖霊たちは霊魂浄化がすすむと高い神霊の世界に行くと考えてきました。古来日本の風土には、このような考えにより、祖霊浄化の祭りを大切にし、繰り返し行うことにより、霊的加護を受けるという暗黙の共通意識があったのです。

古神道が祖先の祭りを大切にし、そこに「敬神崇祖《けいしんすうそ》」「祖我一如《そがいちによ》」という考えがあるのは自然の成り行きなのです。

祖霊の中で浄明界《じょうみょうかい》まで昇って行っている霊神たちを「遠祖明神」と呼んでいます。そもそも、このような祖霊の関わりから、古神道の「祖霊祭」はむしろ一般には「浄霊祭」と言われるように、祖先たちを供養するだけではなく浄霊浄化することに重きを置いているのです。

古神道では、死後の世界を「幽世《かくりよ》」といい、それ故にその世界に入ることを「帰幽《きゆう》」と呼んでいます。そして、人間は死後も霊界に帰幽すると「修理固成《つくりかためなせ》」の営みを続け、高い「浄明界」さらに「神界」をめざして修行を続けるものとされています。「祖霊祭」は祖霊たちの、この世における罪の消滅、また怨念解消をするとともに、むしろ霊界にお

個霊の「型代」と「霊札」が並ぶ

浄木で組まれた火炉で「型代」と「霊札」が焚き上げられる

ける浄霊浄化をあと押しする祭りなのです。

先の「人の祓えとは」の項で触れたように一家族の先祖代々の御霊を浄霊浄化すると、それぞれの反応があり、その家族によっていろいろな違いがみられます。

「祖霊祭」を執り行うことは、先祖代々の霊とともに、その家の家系図にしたがって、近年の故人の霊たちを浄霊浄化します。そのためにあらかじめそれぞれの霊の「型代《かたしろ》」を作り、さらに「霊札《れいさつ》」を用意します。「霊札」とは、故人の名前を「〇〇〇之命《みこと》」として記したものです。神道では、故人はすでに神霊として扱うために「〇〇〇之命」というとい う神御名《かんみな》の扱いをするのです。

これらの「型代」と「霊札」を一組にしたものを、浄霊浄化する故人の数だけ神前に並べて「祖霊祭」に入ります。

祖霊祭では、まず「修祓之儀《しゅうばつのぎ》」を執り行い、さらに祖霊供養の祝詞をささげ、その後招霊祝詞とともに「招霊歌」をささげ、それぞれの「霊札」の霊を招霊します。これらの招霊の儀が終わると同時に大祓詞を奏上し、祓い清めます。

以上は祖霊祭の前段で、後段では、あらかじめ設置した浄木を組んだ火炉で浄炎を焚き、招霊した御霊に対応する「型代」と「霊札」を祓い清めながらお焚き上げをします。

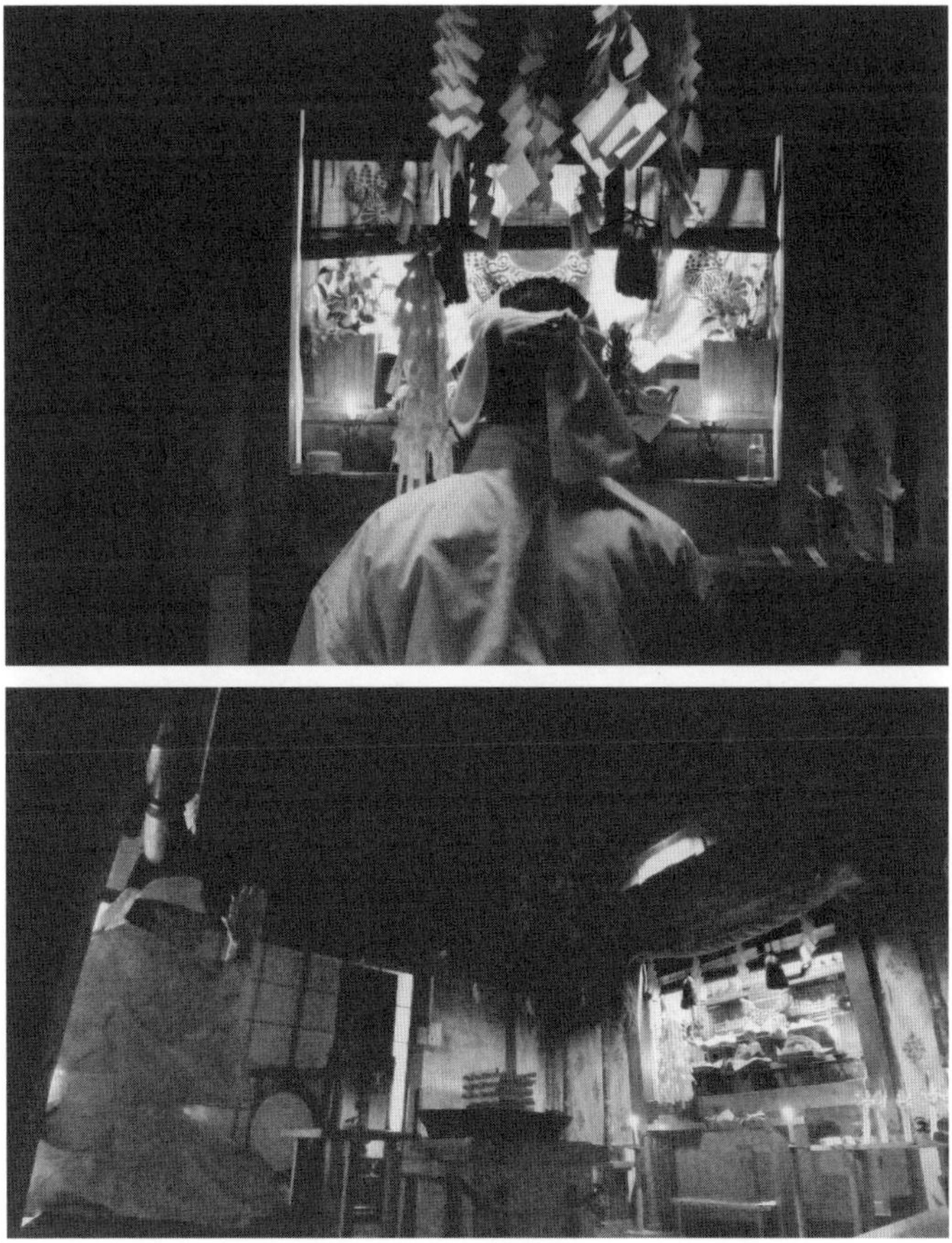

あらかじめ祖霊の霊を「招霊歌」により招霊する

招霊した祖霊を浄木の浄炎により浄霊浄化する

この浄炎にはお焚き上げすることにより、それぞれの霊の生前の「罪業消滅」と供養することだけではなく、「幽世」における浄霊浄化とするのです。

神道、ことに古神道では、幽世の世界で死後の霊魂は、高く清らかな「浄明界」をめざして、己れの浄化と上昇のために精進を続けるものとしています。そしてさらに、一定の浄化をすませると、さらなる高い神霊の世界に行くものとしているのです。

人間は死後における「幽世」においても、浄霊浄化の道を極めるものであり、その祖霊たちは浄化を経ることで、子孫守護の霊団となるのです。

祖霊たちを浄霊浄化して「浄明界」「神界」へと導く

「祖霊祭」は祖霊たちを浄霊浄化して、「浄明界」「神界」とつながる家系の祖霊の霊団へと導く一大ドラマと言っても過言ではないのです。

それは、とりも直さず「子孫繁栄」、子孫へのお加護となってかえってくるのです。

なお、この古神道の「祖霊祭」の実施の祭式を、YouTubeで公開しています。「瑞穂神社」古神道《こしんとう》「祖霊祭《それいさい》」で検索されれば動画をご覧になることができます。

四、一般祈禱

年間を通じて全国からさまざまな御祈禱や御祈願の依頼が私のもとに届きます。なかでも多いのは「家内安全」「身体健全」の御祈禱です。そのなかでも注目されるのは「良縁成就」であり、そして「合格祈願」であります。そして「病気平癒」と「手術成功」といった身体に直接関係する御祈禱も多くあります。

このなかの「良縁成就」は、考えてみれば、今の人間関係のあり方に問題があります。若い女性からのご依頼が多いですが、近年は三十代、四十代、五十代の女性からのご依頼も増えてきました。これには様々な理由があるとおもいます。昔と違い、自力で良縁をつかみ、結婚をしなくてはならない時代になったというのも理由の一つと思います。一昔前では親戚の叔母や知人の女性が縁談をお世話したものです。お見合いの習慣なども極端に少なくなったという現実があり、そのため、意外と若い女性に「良縁成就」の依頼が多いことも驚かされます。

現代では女性自身が主体となり、お相手を選ぶ傾向があります。それゆえ、お付き合いをしている男性はいても、結婚相手としては不足であるということも聞きます。また、女性が広く働くようになり、経済的に独立してきました。外国への旅行をし、あるいは外国に滞在し生活する経験の豊かな女性が男性以上に多いことも現実です。そのような、さまざまな条件があり、女性が男性を選択するといった風潮が多くなってきております。

しかし、そのような一方で、有能な女性ほど縁遠いということも聞かされます。例えば、四十代、五十代の女性で、素晴らしい人柄であり、バリバリ仕事をやりとげておられる有能な女性で、結婚を希望されておられるのですが、良縁に恵まれない方が少なくありません。中には仕事一途に生きている独身女性、また親の面倒をみている女性もおられます。彼女たちは結婚の願望はあるのですが、成就しないようなのです。

私の神社では、二十代、三十代の女性たちの場合ですと、「良縁」の御祈願をしますと、ほとんどの方が三ヶ月、長くても半年以内に成就します。四十代、五十代となると、一年、二年とかかることもあります。

以上からお分かりのように、男性の独身の相手が少なくなるのは当然なこととといえます。しかしながら、そのような男性も最終的にはお似合いの相手に出会うケースが多いのです。私の奉仕している神社の場合でいえば、通常、ご依頼された祈禱を数週間、さらに一定の長期間続けます。ひとつの祈願を毎日、朝夕つづけて継続すると、そこに不可思議な現象が現れ、予想していなかったことが起こり、願いが成就することが多くあります。その喜びは筆舌に尽くしがたいものであります。

年間を通じて、先にあげた一般的な祈禱以外に特別な祈禱があります。行方不明になった息子さんの消息を探す祈禱や、お子さんの人間関係や登校拒否に関する祈禱、また、何年間も摂食障害で結婚も破談になり人間関係に歪みができている若い女性の祈禱とか、さまざまです。

摂食障害の女性の場合、神社に来宮して祈禱とともにその原因を解除する話に、ほとんどの時間が費やされました。会話によって過去十年前からのさまざまな原因となるものを取り除くことができました。九ヶ月かかりましたが、最終的に心身ともに正常となり無事に社会復帰しました。

さらにこれらの祈禱とともに忘れられない、大変心にのこる祈禱があります。〝生命《いのち》〟を守る祈禱といっても良いかもしれません。それはたった八〇〇グラムで早産した赤ちゃんの祈禱です。その報せを受けたその日から、朝夕の祈禱がはじまり、父親とも連絡をとりあいながら、一ヶ月続けました。そのときの祈禱する心にあったのは、この赤ちゃんの身体から〝生命〟なるものが失われないように、つまり「直霊」が離れないようにという祈願でした。その後の二ヶ月目には、赤ちゃんの脳や身体に異常がおこらないようにという祈禱でした。そして、三ヶ月目には、赤ちゃんの心を暖める（人間界寒いね、と思われないように）祈禱でした。

無菌室に入れられて、あらゆるチューブにつながれていた赤ちゃんは、その後通常の健康な乳児となって退院しました。

医術の進歩とともに、神霊の御加護に感謝したものです。七五三も過ぎてかわいい小学生になり、バレエを習っている彼女に会うのが私の楽しみの一つになっています。

このように祈禱者と祈願者との心の交流がはじまり、祈禱者は祈願者にかかわって心のすべてを捧げて一心に祈ることができます。互いの思いが神霊へ届き、祈りが成就するのです。これは古神道でいう「神人一如」という境地に入ったことを意味しています。祈禱者と祈願者とが一如に近づくこと、一体となるのです。

ところで、「良縁成就」とともに、近年では「合格祈願」も多くなりました。しかし「合格祈願」の場合は、あらかじめ対象が決まっており、「決定成就」という考え方が大きな力となります。この「決定成就」とは、祈りながら願い事が成就するようにという思いを超えて、「すでに願い事がかなったのだ」「願い事がすでに成就したのだ」という思いに至る「祈り」のことです。つまり、願望が既成事実として未来時間に成就し、決定してしまっているという思いに至る「祈り」なのです。

また「合格祈願」は、ある学校への入学のための試験に合格することであり、あるいは国家試験などに合格するなどが目的となります。このうち学校の合格試験は大変難関とされる一流の大学、あるいは人気のある中高一貫教育の中学校などにつつがなく合格することです。そこで「合格祈願」の「祈り」の場合は、その祈りの中で祈願者を既にその学校に「通学」し、授業を受けているというイメージを現実化して持続して祈るのです。そのようなイメージで、朝夕、一定期間、受験ないしは合格発表の日まで御祈禱をつづけていると、なんと祈願者の受験生は実際にその志望校に通いはじめるのです。

中高一貫校にめでたく受かった受験生の母親から合格の電話が神社に入ったとき、その母親自身は、息子さんがほんとうに合格するとは思わなかったと、感激のあまり嬉し泣きをしていました。

このような祈りを執り行うことにより、合格率はとても高い結果になっています。

次に、話題を「病気平癒」の祈禱に移します。これは「合格祈願」とは全く別のというよりも、逆の祈禱方法をとることになります。病気を認めない、すなわち病気以前の健康状態に精神状態をリセットするのです。

ほとんどの病気というものは、病気になる原因というものがあります。日常生活の隠されたところに遠因があったり、人間関係の精神的な確執に原因があったり、極端な食生活や、辛い体験をしたところに原因があったりします。

そこで「病気平癒」の祈願を受けたときには、その当事者の病気以前の生活や体験をつぶさに聞くことから始まります。

そのような意味で「病気平癒」というより、「病気解除」という方法をとることが多いのです。ただし、病気の症状が出て、すでに治療をはじめて数ヶ月を経過したときの祈禱依頼は「病気平癒」にならざるを得ません。

行きつけの病院で何らかの病気の疑いを受け、さらに確認の精密検査をするため総合病院にて、MRIなどの検査をするという場合がよくあります。このような精密検査をする以前に祈禱のご依頼を受けた場合は、検査日までの期間、連日、祈禱に入ります。

病気の状態、病名が確定していない状況のときに検査までの間、祈禱をつづけるとほとんどの病気の疑いがなくなり、ついに解除されます。特にガンなどの疑いがはれることが多いのです。

また「病気平癒」に関する祈禱は、依頼者から祈願を依頼されたとき、その状態により病気扱いしないで祈禱に入ることがよくあります。つまり、まだ病名が確定せず、病気の治療がはじまっていない場合は、祈禱によりすべて病状が平癒されます。なぜなら、祈禱をするより先に触れたいろいろな原因を排除するからです。

私は神社に奉仕してから今日まで、さまざまな人達と会ってきました。みなさんのいろいろな悩みや苦しみに対しての「祈禱」し、そして話し合い、相談に乗らせていただきました。孤独、絶望、断絶、特別な体験や状況、そしてとりかえしのつかないような出来事など、一人ひとりの人生と向き合い、たくさんの人と話し合い、相談を続けてきております

す。

この世に「イノチ」をさずかる一人ひとりの人間は、一人として同じ人間は存在しません。当たり前のことですが、人生のあり方、生き方もすべて異なるのです。

あらゆる生きながらえる人間に共通することは、「ことはり」という大きな器の中で生きているということです。「ことはり」とは現代語では、「摂理」に当たる言葉ですが、この古語の「ことはり」という言葉には「摂理」を超えて、長い人類の歴史を担い人間世界を支えてきた人生の指針のようなニュアンスがあります。

人間世界に於ける出来事、幸や不幸など、眼の前のことだけにとらわれず、大きな視点から見つめ直すと、この

朝夕、ご祈禱と奉仕するさまざまな御神札が並んでいる

「ことはり」の中でとり行われていることに気が付きます。

生命そのもの、生きること、日常の一個人の思いを超えた人間存在を支えている「こと

はり」の扉を開くこと、これが「古神道」の御祈禱といえます。

人間の存在を大自然の「いとなみ」、大自然の「ことはり」の真ん中にお返しするという行為なのかも知れません。

それが、またとりも直さず「古神道」の真髄といわれる「よみがえり」の思想につながるのです。

まことの「祈り」は、必ず成就します。

付・祝詞

禊祓の詞

掛《かけ》まくも綾《あや》に畏《かしこ》き　神伊邪那岐大神《かむいざなきのおおかみ》　筑紫《つくし》の日向《ひむか》の橘《たちばな》の小戸《をと》の檍原《あらぎはら》に禊《みそ》ぎ祓《はら》ひし給《たま》う時《とき》に成《な》りませる　瀬織津姫大神《せおりつひめのおおかみ》・速秋津姫大神《はやあきつひめのおおかみ》・伊吹戸主大神《いぶきどぬしのおおかみ》・速佐須良比主大神《はやさすらひぬしのおおかみ》　また下津海見大神《そこつわたつみのおおかみ》・中津海見大神《なかつわたつみのおおかみ》・上津海見大神《うわつわたつみのおおかみ》と全《すべ》て七柱《ななはしら》の祓戸《はらへど》の大神等《おおかみたち》共《とも》に　諸々《もろもろ》の禍事《まがごと》　罪科汚《つみとがけがれ》　災禍厄難諸《さいかやくなんもろ》共《とも》に　大直日《おおなおひ》・神直日《かんなおひ》に直日《なおひ》し給《たま》ひて　大海原《おおうなはら》の潮《しほ》の八百路《やほじ》の八潮路《やしほじ》の外《そと》も萬里《はんり》の潮合《しほあい》に持佐須良比失《もちさすらひうしな》ひ給《たま》ひ　神祓《かむはら》ひに祓《はら》ひ給《たま》ひ　神浄《かむきよ》めに清《きよ》め給《たま》へと畏《かしこ》み恐《かしこ》みも乞祈奉《こいのみまつ》らくと白《もう》す。

富普加美《とふかみ》　恵多目《えみため》　祓《はら》ひ給《たま》へ清《きよ》め給《たま》へ

富普加美《とふかみ》　恵多目《えみため》　祓《はら》ひ給《たま》へ清《きよ》め給《たま》へ

富普加美《とふかみ》　恵多目《えみため》　祓《はら》ひ給《たま》へ清《きよ》め給《たも》う。

大祓の詞

高天原《たかまのはら》に神《かみ》留《ずま》坐《りま》す　皇親《すめらがむつ》神《か》漏《むろ》岐《ぎ》神《か》漏《むろ》美《み》の命以《みこともち》て　八《や》百《ほ》萬神《よろずのかみ》等《たち》を神集《かむつど》へに集《つど》へ給ひ神議《かむはか》りに議《はか》り給ひて　吾《あ》が皇孫《すめみま》の命は豊葦原瑞穂國《とよあしはらのみずほのくに》を安國《やすくに》と平らけく知食《しろしめ》せと事依《ことよさ》し奉《まつ》りき。　如此《かく》依《よ》さし奉《まつ》りし國中《くぬち》に荒振神達《あらぶるかみたち》をば神《かむ》問わしに問わし給ひ　神掃《かむはら》ひに掃《はら》ひ給ひて語問《ことと》ひし　磐根《いわね》樹立草《きねたちぐさ》の垣《かき》葉《は》をも語止《ことや》めて　天《あめ》の磐座《いわくら》放《はな》ち　天《あめ》の八《や》重《え》雲《ぐも》を伊《い》頭《づ》の千《ち》別《わ》きに千《ち》別《わ》きて　天降《あまくだ》し依《よ》さし奉《まつ》りき。　如此《かく》依さし奉りし四方《よも》國中《くになか》と　大倭日高見《おおやまとひたかみ》の國を　安國《やすくに》と定め奉《まつ》りて下津《したつ》磐根《いわね》に宮柱太敷《みやはしらふとしく》立《た》て　高天原に千《ち》木《ぎ》高知《たかし》りて　皇孫《すめみま》の命《みこと》の美《み》頭《づ》の御《み》舎《あらか》仕《つか》え奉《まつ》りて　天《あめ》の御《み》蔭《かげ》　日の御《み》蔭《かげ》と隠りまして　安國と平らけく知所食《しろしめさ》む　國中に成り出《い》でむ　天《あめ》の益《ます》人《ひと》等が過ち犯しけむ雑《くさ》雑《ぐさ》の罪事《つみごと》は　天津罪《あまつつみ》　國津罪《くにつつみ》　許々太久《ここだく》の罪《つみ》出でむ　如比《かく》出では　天津宮事《あまつみやごと》以《もち》て　天津金木《あまつかなぎ》を本《もと》打《う》ち切り　末《すえ》打《う》ちたちて　千座《ちくら》の置《おき》座《くら》に置足《おきたら》はして　天津菅曾《あまつすがそ》を本刈断《もとかりだち》　末刈切《すえかりき》りて　八針《やはり》に取辟《とりさ》きて　天津祝詞の太祝詞事《ふとのりとごと》を宣《の》れ。

如此宣《かくの》らば　天津神は天磐門《あまのいわと》を押し披《ひら》きて　天《あめ》の八重雲《やえぐも》を伊頭《いづ》の千別《ちわ》きに千別《ちわ》きて所聞食《きこしめさ》む　國津神《くにつかみ》は高山《たかやま》の末《すえ》短山《ひきやま》の末に上坐《のぼりま》して　高山の伊穂理《いほり》　短山《ひきやま》の伊穂理を撥別《かきわ》けて所聞食《きこしめさ》む。　如此《かく》聞所食《きこしめ》しては　罪と云う罪は在《あ》らじと　科戸《しなど》の風の天《あめ》の八重雲《やえぐも》を気吹《いぶき》放つ事の如く　朝《あした》の御霧《みきり》　夕《ゆうべ》の御霧を朝風夕風《あさかぜゆうかぜ》の吹き掃事《はらうこと》の如く　大津邊《おおつべ》に居《お》る大船を舳解放《へときはな》ち　艫解放《ともときはな》ちて　大海原《おおうなばら》に押し放つ事の如く　彼方《おちかた》の繁木《しげき》が本《もと》を焼鎌《やきがま》の敏鎌以《とがまをもち》て　打ち掃事の如く　残る罪は在じと　祓ひ給ひ浄め給

ふ事を　高山の末　短山の末より佐久那太利《さくなだり》に落ち　多支都速川《たぎつはやかわ》の瀬に
坐す　瀬織津比賣《せおりつひめ》と云う神　大海原に持ち出でなむ。　如此《かく》持ち出で往《い》
なば　荒潮《あらしお》の潮の八百道《やほぢ》の八潮道《やしほぢ》の　潮の八百會《やおあい》に坐す速秋津比賣《はやあきつひめ》と云
う神　持可可呑《もちかかのみ》てむ。　如此可可呑《かくかかのみ》ては　氣吹戸《いぶきど》に坐す氣吹戸主《いぶきどぬし》という
神　根國底國《ねのくにそこのくに》に氣吹放《いぶきはな》ちてむ。　如此氣吹放《かくいぶきはな》ちては　根國底國《ねのくにそこのくに》に坐《ま》す
速佐須良比賣《はやさすらひめ》と云ふ神持佐須良比《もちさすらひ》失いてむ。　如此佐須良比《かくさすらひ》失ひては
今日より始めて　罪と云う罪は在らじと　祓ひ給へ清め給ふ事を
天津神《あまつかみ》　國津神《くにつかみ》　八百萬神等《やほよろずのかみたち》共に　天《あま》の彌廣手《やひらで》を打ち上げて聞所食《きこしめ》せ
と白《もう》す。

おわりに―〝かむながら〟に触れて―

私たちがすんでいる地球は、みどり色の青い宇宙船であるといえましょう。三十六億年前、生きとし生けるものの生命《いのち》が海から陸上にあがってきました。そして、三十六億年かけて、数限りないあらゆる種類の生きものが誕生し、宇宙に浮かぶ地球というすばらしい天体に住み着きました。

生きるものの連鎖がはじまり、人間もその生命《いのち》の連鎖により誕生し、人間が人間として確立するまで、いくつかの奇跡的な飛躍をしてより人間らしく進化してきました。

生命の誕生と進化には、はかり知れない人智を超えた「大自然の摂理」があり、生きとし生けるものの生物《いのち》は、それぞれの子孫をつないできました。

その途方もない歴史の流れの中で、最も驚異的であり、感嘆すべきことは、大自然のバランス、生命あるものの生存するためのバランス、この世に存在するもののあらゆるバランスが保たれ、維持され、存続されてきたことです。

そこには生物界における共生と、生物界と大自然との共生といったものが働いてきました。

そこに宇宙の厳然たる〝宇宙意志〟といったものがあると考えられます。

この度の新型コロナウイルスの感染拡大は、同時代に世界のあらゆる国を巻き込んだという意味で、人類の歴史の中でも最も大きな災害の一つといえます。この時代に生きとし生ける者の代表的な存在である人間のすべてを巻き込み、日常の最も人間らしい生き方、普遍の生活そのものが剝奪されるという状況はあらゆる国の人々にとって、人間の存在そのものの意味の問いかけといえるかもしれません。

今まで触れたように、古神道には、大元霊が大宇宙を創造し、この地球の大地を生み出したという根本思想があります。さらにこの大元霊から人類の元霊が生み出されたと考えています。つまり人間は地球そのものを生み出した大元霊の分身とされているのです。そしてそこには、人間はこの大元霊の御業に奉仕するのが勤めであるといわれております。

それを古代から「神ながら」と呼んでいます。

従来、「神ながら」は「随神」と書いて「神のまにまに神に従う」、また「惟神」と書いて「神と倶《とも》に惟《おも》う」と解されてきました。

地球そのものがひとつの生命体であり、自然界の万物に神性を見出し、それら自然に遍在する神々のすべてと一体化する――。それを「神ながら」というのだとも説かれます。

一万年も続いたといわれる縄文時代。その時代に生きた人間一人ひとり、そしてその人間社会を支える原動力は何だったのか。縄文時代には、むしろ豊かな生活と精神文化が存在したといわれています。産業革命以前の人間の生きることの営み、人間社会の理念は何だったのか。

自然を克服し、人間社会の合理性や利便性を追求するだけではなく、大自然の〝摂理〟に従った人間本来の生き方を問い直す必要があると思います。

地球温暖化の現象ひとつとってみても、このままではなく、人類文化の未来へと視点を移して見直す必要があります。

科学や文化が発達してきた人間の歴史、その道中で落としてきたものを振り返りもう一度拾い集めながら、未来への道を開くことが必要であるといえないでしょうか。

すさまじい速度で発展していく科学技術やデジタル技能、ＡＩ、通信システムなどの革新とは別に、これからも常に人間中心主義の価値観が問い正され、ごく普通の生活と幸福な人生を守る人間社会が維持されることを、ひたすら願うものであります。

最後になりますが、本書は「古神道」にこだわり、「古神道」の思想や実践を強調して記述してきましたが、「古神道」と現今の「神社神道」との境目はなく、長い歴史の中で一貫した流れの中にあります。

現今の「神社神道」の中にも本来の神道の厳しい真髄は生かされ、現代化されながらも、神道の思想はゆらぐことはありません。

本書は私の恩師、山蔭神道第七十九世、山蔭基央先生のもとで修行をし、培った経験を私なりに書きおろしたもので、ここに心から畏敬とともに感謝をするものです。

また刊行するに当たり、神道学者の三橋健先生に推薦文を始め、ひとかたならぬ助言と指導を頂き感謝いたします。さらに「文芸社」の片山航編集長による適切な編集方針と作業の労に、感謝申し上げる次第です。

辻　明秀

著者近影

著者プロフィール

辻 明秀（つじ あきひで）

1939（昭和14）年、東京神田生まれ。

「神田明神」下の小学校、中学校を卒業。十代にセブンスデイ・アドベンチスト教会の聖書講座、全課程修了。活動後、退会。

1961年、早稲田大学政治経済学部を卒業。

1963年、同大学文学部演劇科卒業。卒業後アメリカへ渡航。カリフォルニア、ニューヨークに住む。帰国後、映像作品を制作発表。マスコミ関係の仕事に従事。

1970年代、マスコミ関係のビジネスでヨーロッパ各地、北欧諸国、アメリカに滞在取材。その間、映像評論活動に従事。「美術手帖」その他映像関係の雑誌に執筆。また、さらにニューアート活動に参加。

1970年代後半、インド、シルクロードに宗教関係の取材。また、古代史に触れて奈良の斑鳩、飛鳥を数年にわたり旅行。

1980年代、山蔭神道第七十九世・山蔭基央師に出会う。山蔭神道1000日間の瞑想行道を修了。

1990年代、山蔭神道本宮において「百日瞑想行道」に入行。関門突破する。

1991年、山蔭神道東海斎宮の神官として任命される。以後大勢の信徒各位に、山蔭神道の〈古神道の神秘行法・祈禱・浄霊祭秘法〉を駆使し、人生の転換、成長していく姿に立ち会う。同時に三十数年間、毎日継続して、瞑想行道の指導者として行動者を育て、道場主を務めつつ今日に至る。現在、山蔭神道東海斎宮 責任役員・権宮司（2022〈令和4〉年11月）

山蔭神道瑞穂神社（関東瞑想道場）
〒244－0812　神奈川県横浜市戸塚区柏尾町764
TEL045－822－2174

今を生きる「古神道」—「いのり」は成就する—

2023年２月15日　初版第１刷発行

著　者　辻 明秀
発行者　瓜谷 綱延
発行所　株式会社文芸社
〒160-0022　東京都新宿区新宿1－10－1
電話　03-5369-3060（代表）
03-5369-2299（販売）

印刷所　図書印刷株式会社

©TSUJI Akihide 2023 Printed in Japan
乱丁本・落丁本はお手数ですが小社販売部宛にお送りください。

送料小社負担にてお取り替えいたします。

本書の一部、あるいは全部を無断で複写・複製・転載・放映、データ配信することは、法律で認められた場合を除き、著作権の侵害となります。

ISBN978-4-286-28080-6